Capitalismo dependente e classes sociais na América Latina

Capitalismo dependente e classes sociais na América Latina

Florestan Fernandes

4ª edição revista

Apresentação de
Ricardo Antunes

© Herdeiros de Florestan Fernandes, 2006
1ª Edição, Zahar Editores, 1973
2ª Edição, Zahar Editores, 1975
3ª Edição, Zahar Editores, 1981
4ª Edição, Global Editora, São Paulo 2009
1ª Reimpressão, 2021

Jefferson L. Alves – diretor editorial
Gustavo Henrique Tuna – editor assistente
Flávio Samuel – gerente de produção
Dida Bessana – coordenadora editorial
Alessandra Biral e João Reynaldo de Paiva – assistentes editoriais
Nayara Caetano de Oliveira e Regina Machado – revisão
Victor Burton – capa
Arquivo Florestan Fernandes – foto de quarta capa
Antonio Silvio Lopes e Luana Alencar – editoração eletrônica

Dados Internacionais de Catalogação na Publicação (CIP)
(Câmara Brasileira do Livro, SP, Brasil)

Fernandes, Florestan, 1920-1995.
    Capitalismo dependente e classes sociais na América Latina / Florestan Fernandes ; apresentação de Ricardo Antunes. – 4. ed. rev. – São Paulo : Global, 2009.

    Bibliografia
    ISBN 978-85-260-0152-7

    1. América Latina – Condições sociais 2. América Latina – História 3. América Latina – Política e governo 4. Capitalismo – América Latina I. Antunes, Ricardo. II. Título.

09-00978   CDD-320.531098

Índices para catálogo sistemático:

1. América Latina : Capitalismo : Ciência política 320.531098

Obra atualizada conforme o
NOVO ACORDO ORTOGRÁFICO DA LÍNGUA PORTUGUESA

Global Editora e Distribuidora Ltda.
Rua Pirapitingui, 111 — Liberdade
CEP 01508-020 — São Paulo — SP
Tel.: (11) 3277-7999
e-mail: global@globaleditora.com.br

(g) globaleditora.com.br   /globaleditora
 blog.globaleditora.com.br   /globaleditora
 /globaleditora   /globaleditora
 /globaleditora

Direitos reservados.
Colabore com a produção científica e cultural.
Proibida a reprodução total ou parcial desta obra sem a autorização do editor.

Nº de Catálogo: **2871**

Capitalismo
dependente e
classes sociais na
América Latina

Florestan Fernandes em sua residência, em São Paulo, 1995.

Sumário

Um Pensamento Insubmisso (Ricardo Antunes) 11
Explicação Prévia 17

I – Padrões de Dominação Externa na América Latina 21

Fases e formas da dominação externa 22
O novo imperialismo e a hegemonia dos Estados Unidos 29
O dilema latino-americano 34

II – Classes Sociais na América Latina 41

Introdução 41
Existem classes sociais na América Latina? 45
Capitalismo dependente e sociedade de classes 50
Classe, poder e revolução social 101
Bibliografia de referência 112

III – Sociologia, Modernização Autônoma e Revolução Social 121

Introdução 121
Dogmatismo e explicação sociológica 124
Ciência e modernização autônoma 130
Sociologia e revolução social 139

Um Pensamento Insubmisso

O pensamento crítico no Brasil, que se desenvolveu especialmente na segunda metade do século XX, viu florescer as figuras exponenciais de Caio Prado Jr. e Florestan Fernandes. O primeiro, ao descortinar o *sentido da colonização*, ao apreender nossa formação colonial como expressão de uma dada forma de *exploração* atada ao processo de *acumulação primitiva* que se gestava nas metrópoles, mergulhou na *particularidade* da nossa formação histórico-social. Sua contribuição foi seminal e configurou-se como uma viragem na compreensão do caso brasileiro.

Coube a Florestan Fernandes realizar empreendimento símile, em importância e densidade, ao desvendar os dilemas da *revolução burguesa* no Brasil, ao discorrer sobre os tortuosos caminhos e engrenagens da dominação burguesa aqui gestada.

Enciclopédico, conhecedor em profundidade dos clássicos do pensamento social (de Marx a Weber, de Durkheim a Mannheim), dotado de vastíssimo domínio sobre o pensamento social contemporâneo, Florestan Fernandes escreveu também sobre os Tupinambá, a questão racial no Brasil e o folclore, entre tantos outros temas, sempre com uma originalidade marcante.

Aberto em seu referencial teórico, tendo um fio condutor cada vez mais ancorado na analítica de Marx, respaldado na formulação de Weber, sem nunca desprezar o contributo dos demais pensadores clássicos e contemporâneos que recorrentemente visitava em seu percurso reflexivo, Florestan Fernandes apresentou uma densa e sólida explicação para o processo de modernização e constituição do capitalismo no Brasil, suas peculiaridades, seu caráter *retardatário*. Apontou, como nenhum outro, a força e a fragilidade da burguesia cuja ontogênese era encontrada na aristocracia rural, desvendando as formas (prevalentemente autocráticas) da dominação burguesa no Brasil.

País maneiroso, cuja história se desenrola lentamente, sem rupturas e mudanças profundas, sempre equacionando seus dilemas pela via da conciliação *pelo alto*, excludente em relação à classe trabalhadora e sempre de prontidão para o exercício da *contrarrevolução*, encontrou na *dependência* e no *subdesenvolvimento* a sua forma de *integração para fora e desintegração para dentro*.

Traço este marcante em quase toda nossa América Latina de origem senhorial e colonial, que conformou a especificidade da nossa (do Brasil e de tantos outros países do continente, à exceção dos Estados Unidos) *revolução burguesa* sem revolução. Países que vivenciaram uma via *não clássica* de constituição do capitalismo, cujos traços peculiares, singulares, nos distinguiram das revoluções ocorridas na Inglaterra, na França, nos Estados Unidos, além dos casos tardios como a Alemanha, a Itália, o Japão etc.

Florestan Fernandes enfatizou sempre a ocorrência retardatária da trajetória da modernização burguesa (dado o caráter não democrático das classes proprietárias) na América Latina (e do Brasil em particular) aflorando a fragilidade estrutural das burguesias de origem colonial e senhorial, herdeiras da aristocracia rural e das parcelas de imigrantes que acabaram ingressando no mundo do comércio, da indústria e dos serviços. Classes proprietárias simultaneamente fragilizadas na sua inserção econômica, dependentes dos centros de controle do capital forâneo e fortes na recorrência frequente às formas autocráticas e ditatoriais de dominação.

As mudanças marcadas pela processualidade gradual são constantes, em oposição às vias pautadas pela confrontação e pelas rupturas. E, quando estas emergem, são reprimidas exemplarmente pela simbiose que se estabelece entre as classes dominantes nos países dependentes e as classes proprietárias metropolitanas. Por isso, as nossas *revoluções burguesas* pagaram sempre altos tributos ao passado, originando uma dialética do arcaico e do moderno que se arrasta até hoje na maioria dos países latino-americanos, com o Brasil sempre à frente.

De modo que o *labor* reflexivo de Florestan Fernandes – nesse sentido aparece mais uma vez a similitude com Caio Prado Jr. – compreendeu os intrincados caminhos *não clássicos* das *revoluções burguesas* na América Latina.

As indicações de Marx sobre a miséria alemã, as formulações de Gramsci acerca da *revolução passiva* e da *revolução/restauração*, as pistas de Lenin sobre a *via prussiana* e a *revolução pelo alto*, estavam presentes, em maior ou menor medida, na fértil *imaginação sociológica* de Florestan Fernandes.

Associada, dependente e subordinada às burguesias hegemônicas, nossas congêneres de origem senhorial e colonial exprimiam, então, uma certa *incompletude de classe*, aqui entendida pela incapacidade em gestar uma alternativa autônoma, democrática, que fosse capaz de implementar um projeto nacional autossustentado e fora dos constrangimentos e liames da dependência e da subordinação.

Aqui reside o ponto central do livro *Capitalismo dependente e classes sociais na América Latina*, que o leitor encontra republicado. Esforço de síntese que agrupa três ensaios, escritos entre fins de 1969 e meados de 1971 ("Padrões de dominação externa na América Latina"; "Classes sociais na América Latina" e "Sociologia, modernização autônoma e revolução social"), tem como fio condutor o desvendamento da subordinação estrutural da América Latina ao imperialismo, os elementos causais da travagem da modernização burguesa, o papel das classes sociais nas possibilidades e alternativas vislumbradas, além de explorar o desafio da sociologia crítica.

Sua formulação ataca, desde logo, os seguintes pontos vitais: a *nova forma de imperialismo*, a *hegemonia* norte-americana e os caminhos possíveis para o seu enfrentamento, na era marcada pelas grandes corporações.

Para Florestan Fernandes, a compreensão desse complexo problemático deve partir do significado do sistema de colonização latino-americano – o *antigo sistema colonial* – e sua subordinação ao mundo metropolitano, apresentando as diferentes fases e distintas formas da dominação, desde a gênese colonial até o período mais recente, de sujeição das nações ao imperialismo. Concebido sob a forma da "exploração ilimitada, em todos os níveis da existência humana e da produção para o benefício das coroas e dos colonizadores", esse sistema dependia de uma articulação entre o sistema de classes existente na colônia e os interesses dominantes na metrópole.

Sua crise, desencadeada pelos movimentos de emancipação e pela disputa intrametropolitana, desencadeou o *segundo tipo de dominação externa*, caracterizado pela *desagregação do antigo sistema colonial*, sendo que várias nações europeias assumiram o controle dos negócios de exportação e de importação na América Latina (a Inglaterra em particular), mais interessadas no comércio do que na montagem de uma estrutura produtiva local.

Segundo o autor, ao longo desse período, em que "os países dominantes possuíam apenas o controle de mercado dos processos econômicos, seria possível falar-se, *stricto sensu*, de neocolonialismo. [...] De fato, os 'produtores' de bens primários podiam absorver pelo menos parte do *quantum* que antes lhes era tirado através do antigo padrão de exploração colonial, e suas 'economias coloniais' recebiam o primeiro impulso para a internalização de um mercado capitalista moderno".

O *terceiro tipo de dominação externa*, posterior à Revolução Industrial, tornou-se realidade a partir das últimas décadas do século XIX, assumindo sua feição propriamente *imperialista* e fazendo emergir também o *capitalismo dependente como uma realidade histórica na América Latina*. Suas consequências negativas foram evidentes: "Primeiro, no condicionamento e reforço externo das estruturas econômicas arcaicas, necessárias à preservação do esquema da exportação-importação [...]. Segundo, no malogro do 'modelo' de desenvolvimento absorvido pela burguesia emergente das nações europeias hegemônicas".

O *quarto tipo de dominação externa* originou-se com o processo de expansão das grandes empresas corporativas atuando nas esferas industriais, comerciais, de serviços e financeiras. Trata-se, segundo Florestan Fernandes, do advento de um *imperialismo total*, sob hegemonia dos Estados Unidos, mas com a participação também de países europeus e do Japão. Sua constatação é forte e atualíssima: "O novo padrão de imperialismo é, em si mesmo, destrutivo para o desenvolvimento dos países latino-americanos". Vale aqui o registro de que, para caracterizar o mesmo processo hoje, István Mészáros fala em *imperialismo hegemônico global*, em nítida confluência com a formulação de Florestan Fernandes.

O que coloca o dilema crucial para a América Latina: ou realizar a *revolução dentro da ordem*, a *reforma capitalista do capitalismo*, visando à implantação de um conjunto de transformações capazes de superar a dependência e a subordinação estrutural; ou, ante a impossibilidade desta, abre-se espaço para a *revolução contra a ordem*, que já contém em sua própria origem um *caráter socialista*, de que foi exemplo a Revolução Cubana. Menos que reformas, nesta variante, as mutações seriam dotadas de significado marcadamente revolucionário e anticapitalista.

Aqui, nesta formulação, como indicamos anteriormente, emerge com maior nitidez o acento marxiano de Florestan Fernandes, além da clara inflexão leniniana que estava em curso no seu recolhimento no Canadá. A dialética dada pela *revolução dentro da ordem* e pela *revolução contra a ordem* parece-nos bastante inspirada na discussão leniniana sobre os caminhos da social-democracia russa.

No primeiro caso, a *revolução dentro da ordem*, dada a dependência estrutural das burguesias nos países de origem colonial, a montagem de um projeto nacional e democrático poderia ser transferida para as classes trabalhadoras.

No segundo caso, da *revolução contra a ordem*, trata-se de superar a ordem capitalista dependente. A última alternativa abriria caminho para a realização dos valores humano-societais mais elevados, a *liberação real das sociedades latino-americanas*. Mas, ainda segundo o autor, os dois caminhos poderiam dar início à construção da América Latina fora dos liames da dependência e do subdesenvolvimento.

No segundo ensaio, que trata das *Classes sociais na América Latina*, o autor faz duas indagações centrais: há classes sociais na América Latina? Qual a morfologia das classes nos países dependentes, de origem colonial? Dialogando criticamente com parte importante da literatura sociológica, Florestan Fernandes oferece a pista analítica decisiva: "as classes sociais não 'são diferentes' na América Latina, pois o que é diferente é o modo particular de constituição do modo de ser do capitalismo, a forma pela qual ele se objetiva".

Do que se depreende que "o tipo de capitalismo constituído na América Latina, que floresceu graças à modernização do arcaico, atinge a era da industrialização em grande escala e da exportação de produtos industrializados explorando com intensidade e arcaização do moderno. [...] a degradação material e moral do trabalho persiste e com ela o despotismo nas relações humanas, o privilegiamento das classes possuidoras, a superconcentração da renda, do prestígio social e do poder, a modernização controlada de fora, o crescimento econômico dependente etc.".

O que leva à conclusão cáustica, de enorme atualidade, quando presenciamos os confrontos sociais na Bolívia, no Equador, na Colômbia, na Venezuela: "as classes sociais falham, nas situações latino-americanas, porque operam unilateralmente, no sentido de preservar e intensificar os privilégios de poucos e de excluir os demais". *A revolução dentro da ordem*, acrescenta Florestan Fernandes, é travada pela classe dominante, temerosa de que as "massas despossuídas" possam tornar viável a revolução contra a ordem. Como "a economia capitalista dependente está sujeita, como um todo, a uma depleção permanente de suas riquezas (existentes ou potencialmente acumuláveis), [essa depleção] se processa à custa dos setores assalariados e destituídos da população, submetidos a mecanismos permanentes de sobre-apropriação e sobre-expropriação capitalistas".

O enigma fica então desvendado: "A revolução burguesa, na América Latina, prende-se a condições estruturais e a ritmos históricos que fazem dela o pivô da associação dependente e das sucessivas transições que rearticularam a organização e funcionamentos das economias nacionais latino-americanas às evoluções externas do capitalismo". Nossas burguesias são, então, *artífices do capitalismo dependente*.

Florestan Fernandes não tergiversa em sua aposta: "Se esta análise é correta, o superprivilegiamento de classe vem a ser o calcanhar de aquiles da 'revolução burguesa' sob o capitalismo dependente. Ao se afirmarem como classes, negando às demais classes até as condições de existência como classes 'dentro da ordem' e impondo à coletividade a persistência de iniquidades intoleráveis, as classes privilegiadas atingem o clímax do poder".

E acrescenta: "Essa reflexão se aplica à presente situação da América Latina, na qual a sociedade de classes está, na realidade, repetindo o ciclo explosivo, que leva às revoluções inevitáveis, de origens estruturais. Negadas como e enquanto classes e na contingência de continuar arcando com iniquidades odiosas, não resta às classes 'baixas' senão o caminho mais difícil, mas mais eficaz, da libertação pela contraviolência".

Seu último texto *Sociologia, modernização autônoma e revolução social* retoma os dilemas do pensamento (crítico e conservador) latino-americano, elabora sua crítica forte à sociologia "descomprometida" e "neutral", que olha o centro e dá as costas para a América originária. É mais um convite à reflexão.

Na linhagem da Caio Prado Jr. e também de Mariategui, Florestan Fernandes nos ajuda a desvendar os dilemas de *Nuestra América*, que oscila entre a modernização e a barbárie, avançando e recuando, dando um passo à frente e outro para trás, avançando o atraso e retrocedendo o avanço.

Se atentarmos para o aumento da temperatura social e política da América Latina, neste tenso e turbulento início de século, fica difícil desconsiderar a obra vigorosa, densa, crítica e engajada de Florestan Fernandes. E este pequeno livro é uma bela síntese do que se passa na América Latina, dependente, mas rebelde; espoliada, mas insubmissa; destroçada, mas insurgente. E o pensamento vivo de Florestan Fernandes é parte desta América Latina.

Ricardo Antunes

Professor titular de Sociologia no IFCH/Unicamp e autor de *Os sentidos do trabalho* (Boitempo) e *Adeus ao trabalho?* (Cortez), entre outros livros.

Explicação Prévia

Este livro reúne três ensaios, escritos entre fins de 1969 e começos de 1970, e de abril a julho de 1971. O primeiro ensaio, "Padrões de dominação externa na América Latina", foi inicialmente apresentado como conferência pública, proferida em 10 de março de 1970 em um dos auditórios da Universidade de Toronto; posteriormente, foi repetida em outras universidades do Canadá e dos Estados Unidos. O segundo, sob o título "Classes sociais na América Latina", foi elaborado especialmente para o *Seminário sobre Classes Sociais na América Latina*, organizado pelo Instituto de Investigaciones Sociales da Universidad Nacional Autónoma de México (realizado em Mérida, de 11 a 18 de dezembro de 1971), do qual o autor foi um dos três relatores convidados. O terceiro, "Sociologia, modernização autônoma e revolução social", foi especialmente escrito, em abril de 1970, para um livro organizado pelo professor Oscar A. Varsavsky, o qual deveria sair a lume em fins de 1971 ou começos de 1972, mas acabou não sendo publicado. Ele foi apresentado oralmente como comunicação ao *X Congresso Latino-Americano* (Santiago do Chile, 28/8 a 5/9 de 1972). Todos os trabalhos são originais e somente o primeiro teve edição prévia em inglês, de circulação limitada (Florestan Fernandes, *The Latin American in Residence Lectures*, com prefácio de Kurt L. Levy, Toronto, University of Toronto, 1969-1970). A tradução do inglês foi feita por dois antigos estudantes, que preferem ficar no anonimato. O autor fez uma revisão cuidadosa da tradução. Os tradutores prestaram sua colaboração graciosamente e merecem os mais reconhecidos agradecimentos do autor.

O autor aproveita o ensejo para também agradecer a colaboração recebida, a diversos títulos, de outras pessoas: professor Kurt L. Levy, a quem se deve a publicação do opúsculo mencionado anteriormente; professor Kenneth N. Walker, que ajudou o autor a melhorar seu texto inglês do primeiro ensaio; Marion Blute e Graig McKie, que auxiliaram o professor Levy a preparar os textos para a edição em inglês; professor José Albertino Rodrigues, que teve a generosidade de providenciar a preparação dos originais do segundo capítulo para publicação. Muitos amigos de vários lugares do Canadá, dos Estados Unidos, de vários países da América Latina ou da Europa, e muitos colegas e amigos brasileiros mereciam também uma referência especial, por terem criado oportunidades para a apresentação dos três ensaios em público, por discussões com o autor ou por simplesmente terem dado seu apoio às iniciativas decorrentes. Esses colegas e amigos por várias vezes me ajudaram a tornar menos amarga ou menos difícil minha permanência no exterior, longe da família. Todavia, é quase impossível fazer justiça a todas as pessoas e sinto que não tenho como estabelecer uma ordem, numa relação afetiva e de gratidão. Que o meu agradecimento permaneça anônimo, como a assistência que me deram e dão a vários outros intelectuais em condições análogas.

Os três ensaios foram escritos para fins que impunham limitação de espaço e, por vezes, simplificação das discussões. Por isso, eles não pretendem esgotar nenhum assunto: oferecem as reações do autor aos temas neles tratados e à crise estrutural por que está atravessando a América Latina de nossos dias. É evidente e seria inevitável que contenham limitações insanáveis. Todavia, gosto desses ensaios, que valem pelo esforço de comunicação, de síntese e de interpretação global. Provavelmente, algumas sugestões ficarão e merecerão a crítica dos entendidos. Mas eles estão sujeitos a uma restrição geral: fazem ênfase no que, no contexto latino-americano de nossos dias, representa o dilema do capitalismo dependente. Com as experiências socialistas e as implicações revolucionárias de regimes nacionalistas mistos, haveria elementos para se ampliar o plano de discussão e de análise. No entanto, o autor tomou a perspectiva dos países que se debatem com o dilema, e não a dos países que tentam superá-lo ou o estão superando. Quiçá no futuro possa escrever segundo os moldes acadêmicos e estabelecer comparações que nos levem a uma imagem mais completa e profunda da crise do capitalismo dependente e dos rumos de sua evolução.

O autor nunca dissociou a sociologia do debate dos grandes problemas da própria sociedade em que vive. Por melancólico que seja o resultado, pois é mínimo o aproveitamento dos cientistas sociais nos processos de transformação das coletividades humanas, o esforço de projetar a Sociologia no âmago dos processos de crise é, intelectualmente, sempre compensador. Na América Latina, esse esforço possui um sentido metodológico próprio, preenchendo as funções que A. Comte já descreveu como as equivalentes da "experimentação indireta". Como temos falta de pessoal, de equipes numerosas e organizadas, de recursos financeiros, e até de segurança intelectual, tomamos à história os materiais que elucidam as próprias crises e vivemos as crises também no nível sociológico, como processos de significação heurística. Fora e acima das universidades e das instituições de pesquisas, aprendemos e amadurecemos a cada convulsão que afeta o destino de nossos povos. Poderíamos dizer que a Sociologia, como a História, sai de nossas entranhas e de nossas atividades. Os que não entendem a América Latina sofrem, aqui, mais um choque. Ciência e ideologia não se separam, embora quando necessário caminhem independentemente uma da outra. Por vezes, homens humildes e incultos, que *"sofrem a história"*, completam os contornos de uma aprendizagem abstrata e põem-nos diante das melhores aproximações sociológicas da verdade. Outras vezes, são os que têm as rédeas do poder e que pensam *"fazer história"* que nos fornecem as pistas para dolorosas reduções ao absurdo, também cheias de ensinamentos. Por fim, partamos do concreto ao abstrato ou façamos o caminho inverso, estamos sempre no centro dos dramas coletivos e procuramos entender os rumos sociológicos da história. A Sociologia não fica tão longe dos homens e de suas ambições ou decepções, como na Europa ou nos Estados Unidos. Talvez estejamos chegando ao tempo dessa etapa, em que as condições de existência transcendem os limites das especializações e alargam os planos da comunhão do sociólogo com seus semelhantes, que ignoram a Sociologia e, por vezes, chegam a detestá-la. Os ensaios aqui reunidos, porém, exprimem em cheio essa situação e dela extraem sua força, como testemunho de interpretação militante. Muitos verão nesses vínculos com a realidade uma evidência de que seria ideal uma situação diversa, na qual se definissem melhor o papel formal do especialista e os alvos teóricos da própria especialidade. Também tentamos trabalhar nessa direção; contudo, estamos muito longe desse ideal e, pelo menos por enquanto, temos de colocar a problemática humana de nossos países acima da Sociologia.

Florestan Fernandes

São Paulo, 26 de outubro de 1972.

Capítulo I

Padrões de Dominação Externa na América Latina*

À semelhança de outras nações das Américas, as nações latino-americanas são produtos da "expansão da civilização ocidental", isto é, de um tipo moderno de colonialismo organizado e sistemático. Esse colonialismo teve seu início com a "Conquista" – espanhola e portuguesa – e adquiriu uma forma mais complexa após a emancipação nacional daqueles países.

A razão dessa persistência é a evolução do capitalismo e a incapacidade dos países latino-americanos de impedir sua incorporação dependente ao espaço econômico, cultural e político das sucessivas nações capitalistas hegemônicas. Antes de mais nada, o capitalismo transformou-se, através da história, segundo uma velocidade demasiado acelerada para as potencialidades históricas dos países latino-americanos. Quando uma determinada forma de organização capitalista da economia e da sociedade era absorvida, isso ocorria em consequência de uma mudança da natureza do capitalismo na Europa e nos Estados Unidos, e novos padrões de dominação externa emergiam inexoravelmente. Por outro lado, uma organização aristocrática, oligárquica ou plutocrática da sociedade sempre concentrou extremamente a riqueza, o prestígio social e o poder em algumas estratos privilegiados. Em consequência, a institucionalização política do poder era realizada com a exclusão permanente do povo e o sacrifício consciente de um estilo democrático de vida.

---

* Tradução revista pelo autor. Texto da conferência lido no auditório da Universidade de Toronto (10/3/1970). Publicação prévia: F. Fernandes, *The Latin American in residence lectures*, Toronto, University of Toronto, 1969-1970, p. 3-23.

A integração nacional, como fonte de transformações revolucionárias e de desenvolvimento econômico, sociocultural e político, tornou-se impossível. Os interesses particularistas das camadas privilegiadas, em todas as situações, podiam ser tratados facilmente como "os interesses supremos da Nação", estabelecendo uma conexão estrutural interna para as piores manipulações do exterior.

A presente discussão não pretende descrever todos os aspectos da dominação externa e como ela foi ou é mantida socialmente.[1] Considerada sociologicamente, a América Latina defronta-se com dois grandes problemas. O primeiro é a nova forma de imperialismo e a sua difusão sob a hegemonia de uma superpotência capitalista, os Estados Unidos. O outro consiste em como enfrentar o imperialismo, na época das grandes empresas corporativas e da dominação implacável por parte de uma nação americana, dadas as debilidades econômicas, socioculturais e políticas predominantes, mesmo nos países mais avançados da região. Ambas as questões implicam uma discussão preliminar do assunto geral, já que a docilidade dos interesses privados latino-americanos em relação ao controle externo não constitui tão somente um estratagema econômico. Trata-se de um componente dinâmico de uma tradição colonial de subserviência, baseada em fins econômicos, mas também na cegueira nacional, até certo ponto estimulada e controlada a partir de fora.

Fases e formas da dominação externa

O sistema básico de colonização e de dominação externas, experimentado por quase todas as nações latino-americanas durante pelo menos três séculos, foi construído de acordo com os requisitos econômicos, culturais e

---

[1] Sobre esse assunto e para bibliografia básica, ver esp. F. Fernandes, *Sociedade de classes e subdesenvolvimento*, Rio de Janeiro, Zahar Editores, 1968, cap. 11, p. 21-103, 204-256, e T. Halperin Donghi, *História contemporánea de América Latina*, Madrid, Alianza Editorial, 1969. As seguintes contribuições recentes merecem atenção especial: A. G. Frank, *Capitalism and underdevelopment in Latin America*, New York, Monthly Review Press, 1967; J. Graciarena, *Poder y clases sociales en el desarrollo de América Latina*, Buenos Aires, Editorial Paidós, 1967; C. Furtado, *Development and stagnation in Latin America*, New Haven, Yale University Press, 1965; F. H. Cardoso e E. Faletto, *Dependencia y desarrollo en América Latina*, México, Siglo Veintiuno Editores, 1969; R. Vekemans, I. Fuenzalida et al., *Marginalidad en América Latina*, Santiago del Chile, Desal-Editorial Herder, 1969, cap. 1; A. Garcia, *La estrutura del atraso en América Latina*, Buenos Aires, Editorial Pleamar, 1969; R. N. Adams, *The second sowing*, San Francisco, Cal., Chandler Publishing Co., 1967.

políticos do assim chamado "antigo sistema colonial". Em termos jurídicos, a legitimidade de dominação tinha um duplo fundamento, legal e político. Os colonizadores eram submetidos à vontade e ao poder das Coroas de Espanha e Portugal, às quais deviam, como vassalos, obediência e lealdade. Essa identidade de interesses, das Coroas e dos colonizadores, sofreu várias rupturas. Não obstante, permitiu tanto o endosso dos interesses dos colonizadores pelas Coroas como, inversamente, uma orientação de valores pela qual os colonizadores agiam em benefício dos interesses das Coroas. Em termos sociológicos, os fundamentos legais e políticos dessa dominação colonial exigiam uma ordem social em que os interesses das Coroas e dos colonizadores pudessem ser institucionalmente preservados, incrementados e reforçados, sem outras considerações. Isso foi conseguido pela transplantação dos padrões ibéricos de estrutura social, adaptados aos trabalhos forçados dos nativos ou à escravidão (de nativos, africanos ou mestiços). Assim, uma combinação de estamentos e castas produziu uma autêntica *sociedade colonial*, na qual apenas os colonizadores eram capazes de participar das estruturas existentes de poder e de transmitir posição social através da linhagem "europeia". A estratificação resultante, porém, possuía grande flexibilidade, favorecendo a absorção e o controle de massas de nativos, africanos, mestiços, classificados em categorias de castas ou mantidos fora das estruturas estamentais, como estratos dependentes. Sob tais condições societárias, o tipo legal e político de dominação colonial adquiriu o caráter de exploraração ilimitada, em todos os níveis da existência humana e da produção, para o benefício das Coroas e dos colonizadores.

Vários fatores, estruturais ou históricos, explicam a crise desse tipo de dominação. Do ponto de vista sociológico, três fatores diferentes foram realmente decisivos. Primeiro, o padrão de exploração colonial, inerente ao sistema político e legal de dominação externa. A estrutura das economias da Espanha e de Portugal não era suficientemente forte para sustentar o financiamento das atividades mercantis, relacionadas com a descoberta, a exploração e o crescimento das colônias. Veneza e, subsequentemente, a Holanda (com outros países europeus) forneceram o capital, a tecnologia, o equipamento e a base comercial do mercado internacional, convertendo-se nas potências centrais, como núcleos do capitalismo mercantil. Por isso, Espanha e Portugal desempenharam papéis econômicos intermediários e o padrão de exploração colonial tornou-se rapidamente demasiado duro, para os agentes privilegiados nas colônias latino-americanas. No caso do açúcar brasileiro, por exemplo, "o produtor" retinha um lucro bruto que variava entre 12 e 18%; a Coroa absorvia aproximadamente de 25 a 30%; os mercadores holandeses recebiam o saldo e outras vantagens, economicamente mais importantes (como os lucros produzidos pelo financiamento da produção, do transporte, da Coroa etc.; ou os elevados lucros proporcionados pela refinação do produto e por sua comercialização dos mercados europeus). Os movimentos de emancipação iniciaram-se como uma oposição radical a esse padrão complexo de exploração. Eles eram dirigidos contra as Coroas, porque somente através da *independência* os agentes privilegiados da economia colonial poderiam atingir os requisitos legais e políticos de sua autonomia econômica (mantidas as demais condições do sistema de produção colonial). O segundo fator, que teve uma influência decisiva na crise do antigo sistema colonial, foi a luta pelo controle econômico das colônias latino-americanas na Europa, especialmente entre a Holanda, a França e a Inglaterra. As mudanças nas estruturas políticas, econômicas e culturais da Europa, ao término do século XVIII e no início do século XIX, contribuíram para a rápida desagregação das potências centrais e intermediárias, que detinham o controle externo do antigo sistema colonial. E, finalmente, seria necessário considerar alguns setores da população das colônias, vitimados pela rigidez da ordem social e interessados na destruição do antigo sistema colonial. Esses setores, muito heterogêneos (e, em muitos casos, predominantemente de descendência mista), incluíam habitantes das cidades e vilas, mais ou menos identificados com a nativização do poder, especialmente nos níveis econômico e político. A massa que deu, em todos os países, apoio fanático aos movimentos de emancipação foi recrutada entre esses setores.

O segundo tipo de dominação externa surgiu como produto da desagregação do antigo sistema colonial. As nações europeias, que conquistaram o controle dos negócios de exportação e de importação na América Latina (a Inglaterra em particular), estavam mais interessadas no comércio que na produção local. Durante quase quatro ou cinco décadas – do fim do século XVIII até as primeiras três ou quatro do século XIX – esses países ocuparam o vácuo econômico deixado pela desagregação do antigo sistema colonial, em vez de exercerem o papel de um "poder imperial". A situação especial da América Latina explica a direção desse processo. A produção com vistas à exportação imediata já estava organizada, numa base bastante compensadora em termo de custo. Por outro lado, a ausência de produtos de alto valor econômico e a existência de um mercado consumidor relativamente amplo tornaram mais atraente o controle de posições estratégicas nas esferas comerciais e financeiras. A Inglaterra, por exemplo, iniciou uma política comercial que propiciou rápido impulso à emergência dos mercados capitalistas modernos nos centros urbanos das ex-colônias.

Durante esse curto período, em que os países dominantes possuíam apenas o controle de mercado dos processos econômicos, seria possível falar-se, *stricto sensu*, de neocolonialismo. A dominação externa tornou-se largamente indireta. A expansão das agências comerciais e bancárias na região envolvia um pequeno número de pessoal qualificado, a difusão em escala reduzida de novas instituições econômicas e de novas técnicas sociais, e várias modalidades de associação com agentes e interesses locais e nacionais. A monopolização dos mercados latino-americanos foi mais um produto do acaso que de imposição, pois as ex-colônias não possuíam os recursos necessários para produzir os bens importados e seus setores sociais dominantes tinham grande interesse na continuidade da exportação. De fato, os "produtores" de bens primários podiam absorver pelo menos parte do *quantum* que antes lhes era tirado através do antigo padrão de exploração colonial, e suas "economias coloniais" recebiam o primeiro impulso para a internalização de um mercado capitalista moderno. Entretanto, a dominação externa era uma realidade concreta e permanente, a despeito do seu caráter como processo puramente econômico. Os efeitos estruturais e históricos dessa dominação foram agravados pelo fato de que os novos controles desempenhavam uma função reconhecida: a manutenção do *status quo ante* da economia, com o apoio e a cumplicidade das "classes exportadoras" (os produtores rurais) e os seus agentes ou os comerciantes urbanos. O esforço necessário para alterar toda a infraestrutura da economia parecia tão difícil e caro que esses setores sociais e suas elites no poder preferiram escolher um papel econômico secundário e dependente, aceitando como vantajosa a perpetuação das estruturas econômicas construídas sob o antigo sistema colonial.

O terceiro tipo de dominação externa apareceu como consequência da reorganização da economia mundial, provocada pela revolução industrial na Europa. Na verdade, o neocolonialismo citado acima teve função importante na dinamização da revolução industrial. Ele foi uma fonte (pelo "comércio triangular") de acumulação de capital nos países europeus, especialmente na Inglaterra, e originou diversos mercados nacionais em crescimento postos sobre reserva, vitais para o desenvolvimento do capitalismo industrial.[2] Entretanto, a transformação do capitalismo na Europa provocou novas formas de articulação das economias periféricas da América Latina, na direção dos dinamismos das economias capitalistas centrais. As novas tendências emergiram gradualmente, todavia as mudanças nos padrões existentes de dominação externa tornaram-se evidentes após a quarta ou quinta década do século XIX e converteram-se numa realidade inexorável nas

---

[2] A importância das economias coloniais para o desenvolvimento do capitalismo na Europa foi explicada, de maneiras diferentes, por A. Smith, Hobson, Weber, Sombart, Williams, Baran etc.; as sequências e caracterização, adotadas na presente interpretação, foram inferidas empiricamente dos estágios socioeconômicos e culturais de desenvolvimento da América Latina.

últimas quatro décadas daquele século. As influências externas atingiram todas as esferas da economia, da sociedade e da cultura, não apenas através de mecanismos indiretos do mercado mundial, mas também através de incorporação maciça e direta de algumas fases dos processos básicos de crescimento econômico e de desenvolvimento sociocultural. Assim, a dominação externa tornou-se imperialista, e o capitalismo dependente surgiu como uma realidade histórica na América Latina.[3]

Esse processo às vezes é descrito de forma idílica. Alguns contrastes entre o período de predominância europeia, até a Grande Depressão (1929), e a situação atual são tão impressionantes que as condições anteriores de financiamento e de controle externo têm sido encaradas como favoráveis aos países da América Latina. Contudo, a chamada "idade de ouro do capital estrangeiro"[4] foi uma idade de ouro apenas para os países europeus e, até certo ponto, para os Estados Unidos. A Inglaterra, por exemplo, convertia todas as possíveis mudanças econômicas, sociais e culturais em puros negócios – as atividades dos Estados nacionais na construção de uma infraestrutura econômica, a especulação imobiliária em áreas rurais e urbanas, a diferenciação ou a expansão dos sistemas de comércio, de produção, de transporte, de trabalho, de saúde, de educação etc. O controle financeiro das emergentes economias satélites tornou-se tão complexo e profundo que o esquema exportação-importação foi refundido para incluir a "integração" do comércio interno, a "proteção" dos interesses rurais ou da modernização da produção rural, a "introdução" das indústrias de bens de consumo, a "intensificação" das operações bancárias etc. Em síntese, as economias dependentes foram transformadas em mercadorias, negociáveis a distância, sob condições seguras e ultralucrativas.

O lado negativo desse padrão de dominação imperialista aparece claramente em dois níveis diferentes. Primeiro, no condicionamento e reforço externo das estruturas econômicas arcaicas, necessárias à preservação do esquema da exportação-importação, baseado na produção de matérias-primas de bens primários. Segundo, no malogro do "modelo" de desenvolvimento absorvido pela burguesia emergente das nações europeias hegemônicas. Na realidade, a revolução burguesa não foi acelerada, mesmo nos países mais avançados da América Latina, através de um impulso econômico deliberado

---

3 Sobre as diferentes tendências da influência econômica europeia na América Latina, cf. esp.: Economic Comission for Latin America, *External financing in Latin America*, New York, United Nations, 1965, parte I; R. Bertran et al., *La participación de Europa en el financiamiento del desarrollo de América Latina*, Banco Interamericano de Desarrollo, [s. d.].

4 O período de 1874-1914 (ver Cepal, op. cit., p. 7-14). Os Estados Unidos tornaram-se um parceiro importante da Inglaterra, França e Alemanha só no fim do século XIX.

procedente da Europa. Tanto para o "moderno" como para o "antigo" colonialismo (em termos dos dois padrões de dominação imperialista), a integração nacional das economias dependentes sempre foi negligenciada. Os objetivos manifestos e latentes foram dirigidos para os ganhos líquidos, isto é, para a transferência do excedente econômico das economias satélites para os países hegemônicos. Sob esse aspecto, a "idade de ouro" do imperialismo europeu encerrou o circuito iniciado pelo antigo colonialismo e expandido pelo neocolonialismo, ambos de origem europeia, formando o burguês complacente, o equivalente histórico latino-americano do *"bourgeois conquerant"*.

O quarto padrão de dominação externa surgiu recentemente, em conjunção com a expansão das grandes empresas corporativas nos países latino-americanos – muitas nas esferas comerciais, de serviços e financeiras, mas a maioria nos campos das indústrias leve e pesada. Essas empresas trouxeram à região um novo estilo de organização, de produção e de *marketing*, com novos padrões de planejamento, propaganda de massa, concorrência e controle interno das economias dependentes pelos interesses externos. Elas representam o capitalismo corporativo ou monopolista, e se apoderaram das posições de liderança – através de mecanismos financeiros, por *associação* com sócios locais, por corrupção, pressão ou outros meios – ocupadas anteriormente pelas empresas nativas e por seus *"policy-makers"*.

Três pontos são muito importantes, mesmo numa exposição sintética. Primeiro, essa tendência envolve um controle externo simétrico ao do antigo sistema colonial, nas condições de um moderno mercado capitalista, da tecnologia avançada, e da dominação externa compartilhada por diferentes nações: os Estados Unidos, como superpotência, e outros países europeus e o Japão, como parceiros menores, mas dotados de poder hegemônico. No fundo, tal tendência implica um *imperialismo total*, em contraste com *imperialismo restrito*, descrito acima. O traço específico do imperialismo total consiste no fato de que ele organiza a dominação externa a partir de dentro e em todos os níveis da ordem social, desde o controle da natalidade, a comunicação de massa e o consumo de massa, até a educação, a transplantação maciça de tecnologia ou de instituições sociais, à modernização da infra e da superestrutura, os expedientes financeiros ou do capital, o eixo vital da política nacional etc. Segundo, esse tipo de imperialismo demonstra que mesmo os mais avançados países latino-americanos ressentem-se da falta dos requisitos básicos para o rápido crescimento econômico, cultural e social em bases autônomas. Como nos outros três períodos, a implementação de mudanças é feita por pessoal estrangeiro, transplantação maciça de tecnologia e de instituições, suprimento externo de capital e de controle financeiro. Terceiro, ela prova que uma economia satélite ou dependente não possui as condições estruturais e dinâmicas para sobrepujar nacionalmente, pelos esforços de sua burguesia (isto é, *lato sensu*, aos setores dominantes das classes alta e média), o subdesenvolvimento e suas consequências. Como ocorre com os interesses privados externos, os interesses privados internos estão empenhados na exploração do subdesenvolvimento em termos de orientações de valor extremamente egoístas e particularistas. Quando o assim chamado estágio de "decolagem" parecia aproximar-se, a expansão iniciava-se como um processo impulsionado pelos interesses mais poderosos e, portanto, controlado a partir de fora. A ilusão de uma revolução industrial liderada pela burguesia nacional foi destruída, conjuntamente com os papéis econômicos, culturais e políticos estratégicos das elites no poder latino-americanas. Agora, uma nova imagem do capitalismo (um neocapitalismo?), da "burguesia nacional" e da "interdependência internacional" das economias capitalistas está sendo reconstruída, para justificar a transição atual e para criar a nova espécie de ideologia e de utopia burguesas dependentes.

Os quatro tipos de dominação externa foram caracterizados como uma projeção de seu "*background*" histórico e de sua sequência sociocultural. Nessa perspectiva, apenas alguns países, como Argentina, Uruguai, Brasil, México, Chile etc., conheceram sucessivamente todas as formas de dominação externa. Outros países, como Haiti, Bolívia, Honduras, Nicarágua, Guatemala, El Salvador, República Dominicana, Paraguai, Peru etc., experimentaram a primeira e a segunda formas típicas de dominação externa, tornando-se economias *de enclave* e versões modernizadas do antigo sistema colonial ou do neocolonialismo transitório do início do século XIX.[5] Por outro lado, os países que atingiram condições para absorver os dois tipos diferentes de dominação imperialista somente atingiram as situações descritas graças a um considerável crescimento econômico interno e à existência de estruturas de poder nacionais eficientes, ambos utilizados pelas burguesias desses países para criar uma *posição de barganha* na economia mundial e na organização internacional de poder.

A incorporação ao mercado mundial e às estruturas internacionais de poder numa posição heteronômica envolve uma forma peculiar de integração nacional. Nenhum país possui uma economia homogênea e potencialidades organizadas de desenvolvimento autossustentado efetivo. A dominação externa, em todas as suas formas, produz uma especialização geral das nações como fontes de excedente econômico e de acumulação de capital para as nações capitalistas avançadas. Assim, as diferentes transições da

---

5 Cf. J. Lambert, *América Latina: estruturas sociais e políticas*, tradução de L. L. de Oliveira, São Paulo, Companhia Editora Nacional, 1969, cap. 1; e especialmente F. H. Cardoso e E. Faletto, *Dependencia y desarrollo en América Latina*, op. cit., p. 43-101.

economia colonial para a economia nacional ou da escravidão e do capitalismo comercial para o capitalismo industrial sempre produzem três realidades estruturais diversas. Primeiro, a concentração de renda, do prestígio social e do poder nos estratos e nas unidades ecológicas ou sociais que possuem importância estratégica para o núcleo hegemônico de dominação externa. Segundo, a coexistência de estruturas econômicas, socioculturais e políticas em diferentes "épocas históricas", mas interdependentes e igualmente necessárias para a articulação e a expansão de toda a economia, como uma base para a exploração externa e para a concentração interna da renda, do prestígio social e do poder (o que implica a existência permanente de uma exploração pré ou extracapitalista, descrita por alguns autores como "colonialismo interno").[6] Terceiro, a exclusão de uma ampla parcela da população nacional da ordem econômica, social e política existente, como um requisito estrutural e dinâmico da estabilidade e do crescimento de todo o sistema (essa exclusão variava, em 1964, de um quarto até a metade ou três quartos da população, conforme os países).[7] O desafio latino-americano, portanto, não é tanto como produzir riqueza, mas como retê-la e distribuí-la, para criar pelo menos uma verdadeira economia capitalista moderna.

O novo imperialismo e a hegemonia dos Estados Unidos

A nova forma de imperialismo não é apenas um produto de fatores econômicos. No centro do processo está a grande empresa corporativa e, portanto, o capitalismo monopolista. Por isso, as mudanças da organização, das funções e do poder financeiro das empresas capitalistas foram produzidas por mudanças nos padrões de consumo e de propaganda de massa, na estrutura de renda, por uma revolução concomitante na tecnologia e nos padrões burocráticos de administração, e pelos efeitos múltiplos e cumulativos de concentração financeira do capital na internacionalização do mercado capitalista mundial. Esses são processos históricos de natureza socioeconômica e sociocultural. Mas a influência dinâmica decisiva foi política. A existência de uma economia socialista bem-sucedida e expansiva, dotada pelo menos de padrões equivalentes de tecnologia, organização burocrática, produtividade, crescimento acelerado e internacionalização, compeliu as nações

---

6 Cf. P. Gonzáles-Casanova, "Internal colonialism and national development" in: I. L. Horowitz, J. de Castro e J. Gerassi (Orgs.), *Latin American radicalism*, op. cit., p. 118-139.
7 Cf. J. Lambert, op. cit., p. 52-53, entrada 10 da tabela.

capitalistas avançadas da Europa, América e Ásia para uma defesa agressiva do capitalismo privado, especialmente após a Segunda Guerra Mundial. Assim, enquanto o antigo imperialismo constituía uma manifestação de concorrência nacional entre economias capitalistas avançadas, o imperialismo moderno representa uma luta violenta pela sobrevivência e pela supremacia do capitalismo em si mesmo. Nesse clima político, a expansão incoercível da empresa corporativa, a hiperinfluência das finanças internacionais e a hegemonia dos Estados Unidos foram recebidas como um preço razoável pelas burguesias nacionais dos países capitalistas avançados, inclusive a Inglaterra, França, Alemanha e o Japão. Algumas tensões e rupturas permaneceram, mas são manipuladas em condições seguras para a defesa e o fortalecimento dos "interesses privados", isto é, do capitalismo.

O novo padrão de imperialismo é, em si mesmo, destrutivo para o desenvolvimento dos países latino-americanos. A razão é facilmente compreensível. Não possuindo condições para o crescimento autossustentado, para a integração nacional da economia e para uma rápida industrialização,[8] os países capitalistas da América Latina estavam tentando explorar uma espécie de miniatura do modelo europeu de revolução burguesa, através de expedientes improvisados e oportunistas. Enquanto o fluxo de capital externo e de controle financeiro chegava através da concorrência multinacional regulada pelo mercado mundial, algumas medidas protecionistas diretas ou indiretas podiam ser tomadas e reforçadas. Por outro lado, durante os períodos em que as influências capitalistas externas descresceram, os países da região encontraram oportunidades para a expansão interna, de acordo com aquele modelo (isso aconteceu em conexão com a Primeira Guerra Mundial, a Grande Depressão, ou a Segunda Guerra Mundial). O melhor estratagema sempre consistiu na absorção de meios para a produção de produtos importados e na seleção estratégica de importação de bens e serviços.[9] Finalmente, em alguns países, o Estado foi capaz de construir e desenvolver

---

8   Ver esp.: R. Prebisch, *Hacia una dinámica del desarrollo latinoamericano*, Mar del Plata, Argentina, Cepal, 1963; C. Furtado, *Development and stagnation in Latin America*, op. cit.; *Formação econômica da América Latina*, Rio de Janeiro, Lia Editora, 2ª ed., 1970; Comisión Económica para América Latina, *El proceso de industrialización en América Latina*, New York, United Nations, 1965.

9   Ver esp.: M. C. Tavares, "Auge y declinación del proceso de sustitución de importaciones en el Brasil", *Boletín Económico de América Latina*, Santiago del Chile, IX-L, 1964, p. 1-62; O. Sunkel, *Política nacional de desarrollo y dependencia externa*, Edición mimeografada, Santiago del Chile, 1966; Comisión Económica para América Latina, *El segundo decenio de las Naciones Unidas para el desarrollo. El cambio social y la política de desarrollo en América Latina*, Santiago del Chile, Naciones Unidas, 1969, p. 179ss.

indústrias básicas, através de empresas públicas ou semipúblicas, como uma base para a diferenciação da produção industrial, a aceleração autônoma do crescimento econômico e a integração nacional da economia.

A erupção do moderno imperialismo iniciou-se suavemente, através de empresas corporativas norte-americanas ou europeias, que pareciam corresponder aos padrões ou às aspirações de crescimento nacional autossustentado, conscientemente almejado pelas burguesias latino-americanas e suas elites no poder ou pelos governos. Por isso, elas foram saudadas como uma contribuição efetiva para o *"desarrolismo"* ou o "desenvolvimentismo", recebendo apoio econômico e político irracional. Assim que elas se tornaram um polo econômico ativo das economias latino-americanas, revelaram sua natureza, como uma influência estrutural e dinâmica interna e como um processo histórico-econômico. As empresas anteriores, moldadas para um mercado competitivo restrito, foram absorvidas ou destruídas,[10] as estruturas econômicas existentes foram adaptadas às dimensões e às funções das empresas corporativas, as bases para o crescimento econômico autônomo e a integração nacional da economia, conquistadas tão arduamente, foram postas a serviço dessas empresas e dos seus poderosos interesses privados.

O processo como um todo não é um fenômeno norte-americano. No entanto, os Estados Unidos desempenharam o papel pioneiro e dominante.[11] Outras nações, especialmente europeias (como a Alemanha, a França, a Inglaterra etc.) e o Japão, tomaram parte nesse processo lucrativo de recolonialismo. Mas a influência dos Estados Unidos é um caso à parte, devido ao caráter e às consequencias de sua expansão econômica na América Latina.[12] A hegemonia dos Estados Unidos pode ser contrabalanceada nas nações capitalistas avançadas. Essas nações possuem recursos materiais e humanos para resistir às implicações negativas da empresa corporativa

---

10 Ver a análise de um caso concreto na Argentina (K. H. Silvert, *La sociedad problema: reacción y revolución en América Latina*, tradução de N. Rosenblatt, Buenos Aires, Editorial Paidós, 1962) sobre o financiamento externo da industrialização: Comisión Económica para América Latina, *El proceso de industrialización en América Latina*, op. cit., p. 188-227; alguns aspectos da influência dos Estados Unidos são descritos por C. Furtado, *Development and stagnation in America Latina*, op. cit., e "United States hegemony and the future of Latin America" (in: I. L. Horowitz, J. de Castro e J. Gerassi, op. cit., p. 61-74); os processos envolvidos são interpretados sociologicamente por F. Fernandes, op. cit., caps. 1, 3 e 4. Sobre o modelo emergente de dominação externa, sob hegemonia norte-americana, esp. T. dos Santos, *El nuevo carácter de la dependencia*, Santiago del Chile, Universidad de Chile, 1968.
11 Ver Economic Commission for Latin America (CEPAL), *External financing in Latin America*, op. cit., loc. cit. e caps. III e X.
12 Ver indicações nas referências 10 e 11, acima; esp. T. dos Santos, *El nuevo carácter de la dependencia*, op. cit.

norte-americana, e para limitar e mesmo para estabelecer controles seletivos das consequências culturais ou políticas resultantes da supremacia econômica dos Estados Unidos. Os países latino-americanos carecem desses recursos materiais e humanos. Por outro lado, suas burguesias nacionais e suas elites no poder não estão submetidas a controle público e a pressões democráticas. Em consequência, o processo de modernização, iniciado sob influência e o controle dos Estados Unidos, aparece como uma rendição total e incondicional, propagando-se por todos os níveis da economia, da segurança e da política nacionais, da educação e da cultura, da comunicação em massa e da opinião pública, e das aspirações ideais com relação ao futuro e ao estilo de vida desejável. Apenas alguns setores, movidos por sentimentos políticos, intelectuais ou religiosos, opuseram-se a essa forma de recolonialismo. O "sistema", isto é, as elites econômicas, políticas e culturais são a favor dele, como a única alternativa para enfrentar a "subversão", para lutar contra a "corrupção", e para "evitar" o comunismo...

O que torna a hegemonia dos Estados Unidos entre as nações latino-americanas uma força incontrolável e perigosa é a presente concepção norte-americana de segurança, fronteira econômica e ação conjunta contra mudanças radicais ou revolucionárias nos países vizinhos. Essa concepção implica, na prática, a incorporação desses países ao espaço econômico e sociocultural dos Estados Unidos, por meios organizados institucionalmente. A maioria dos cientistas sociais está preocupada com a deterioração dos termos de troca[13] ou com os padrões ultraexploativos inerentes às modernas tendências de dominação econômica externa.[14] Todavia, os aspectos econômicos são apenas uma face de uma amarga realidade. Diversas instituições estão executando diferentes funções ligadas à incorporação dos países latino-americanos ao espaço econômico e sociocultural dos Estados Unidos. A empresa corporativa é a mais visível dessas instituições; mas as menos visíveis são talvez ainda mais prejudiciais. Elas abrangem instituições oficiais, semioficiais ou privadas, encarregadas de conduzir a política de controle global das finanças, da educação, da pesquisa científica, da inovação tecnológica, dos meios de comunicação de massa, do emprego extranacional das políticas, das forças armadas e mesmo dos governos.

Na verdade, as economias, as sociedades e as culturas latino-americanas estão sendo reconstruídas de acordo com interesses e valores políticos que

---

13 Sobre a extensão e as consequências da deterioração dos termos de troca, cf. Instituto Latinoamericano de Planificación Económica y Social, *La brecha comercial y la integración social latinoamericana*, México, Siglo Veintiuno Editores, 1967.
14 Ver especialmente A. Gunder Frank, "The underdevelopment policy of United Nations in Latin America", *Nacla Newsletter*, III-8, dezembro/1969, p. 1-9.

adquirem uma natureza pervertida nas condições locais. Poderíamos discutir se seria desejável o consumo em massa, o desperdício de riqueza imposto por uma economia de consumo de massa, o tipo de *homem comum* produzido por uma sociedade de meios de comunicação de massa, de organização social que rotiniza a competição neurótica, a frustração e a agressão etc. A sociedade norte-americana possui, sem dúvida, capacidade para conciliar tais coisas como o seu *"background"* histórico. Por outro lado, a estrutura da renda, a distribuição do prestígio social e a eficiência de alguns direitos humanos básicos, nos Estados Unidos, fornecem um mínimo de proteção às minorias destituídas. O recurso ao conflito é frequentemente necessário e permitido, pelo menos dentro de certos limites. Nos países latino-americanos, entretanto, não possuímos uma democracia real. A situação é bem conhecida nos Estados Unidos, especialmente nos círculos empresariais e no seio das agências oficiais, semioficiais e privadas que operam na região, e pelo governo. Todavia, a deterioração das estruturas políticas é aceita e aprovada da mesma maneira que a deterioração dos termos de troca, porque ambas as tendências são entendidas como um "custo natural" da hegemonia e da segurança dos Estados Unidos. O mesmo ocorre com os *programas especiais de controle* de natalidade, inovação tecnológica, educação etc., projetados e aplicados sem consideração (ou com pouca consideração) pelas necessidades e potencialidades concretas dos países receptores. O que está em jogo são os requisitos políticos de uma incorporação dependente mas eficaz desses países ao espaço econômico e sociocultural dos Estados Unidos.

Raciocinando em termos dos problemas de seu país, um brilhante escritor norte-americano perguntou: o que aconteceu com a "nossa revolução"?[15] A mesma questão poderia ser colocada no exterior, quando se consideram os problemas criados para a América Latina pelos padrões de dominação dos Estados Unidos. Os campeões da liberdade e da democracia agora estão apoiando todo tipo de iniquidades, para assegurar os interesses privados de suas empresas corporativas ou o que supõem ser a segurança de sua nação. A autoimagem usual, que os cidadãos dos Estados Unidos cultivam com orgulho, não se ajusta a esse quadro. Não há, simplesmente, compatibilidade entre a "crença na democracia" e o "respeito pelos direitos humanos básicos", e os fins ou consequências da política hegemônica (ou a ausência de uma política?) dos Estados Unidos na América Latina. Essa política (ou ausência de política) está introduzindo, de forma crescente, mudanças tecnológicas inúteis, contribuindo para o crescimento da pobreza, e intensificando a expropriação ou a devastação de recursos

---

15 H. P. Miller, *Rich man, poor man*, New York, Signet Books, 1964, esp. p. 54-70.

econômicos escassos. Essa política (ou ausência de política) também está ajudando a revitalização, sob condições modernas, de estruturas de poder ou de privilégios arcaicos e antissociais, pois somente as ditaduras militares ou os regimes autoritários dissimulados conseguem assegurar os alvos visados, de incorporação dos países latino-americanos ao espaço econômico e sociocultural dos Estados Unidos.

De um ponto de vista sociológico, é ilusório supor-se que, por esses meios, uma superpotência hegemônica pode garantir segurança dentro dos limites supranacionais de suas "fronteiras políticas". A segurança real entre nações implica entendimento mútuo, fins comuns, consenso e solidariedade, não apenas ao nível das elites e através dos governos, mas também entre seus povos. Poderia dizer-se que, em nossos dias, uma superpotência hegemônica pode negligenciar esses aspectos como "futilidades morais". Isso é verdade. Mesmo assim, a alternativa é a *realpolitik*, isto é, uma posição de força que exclui, por si mesma, qualquer tipo de segurança efetiva.

O dilema latino-americano

Os países latino-americanos enfrentam duas realidades ásperas: 1) estruturas econômicas, socioculturais e políticas internas que podem absorver as transformações do capitalismo, mas que inibem a integração nacional e o desenvolvimento autônomo; 2) dominação externa que estimula a modernização e o crescimento, nos estágios mais avançados do capitalismo, mas que impede a revolução nacional e uma autonomia real. Os dois aspectos são faces opostas da mesma moeda. A situação heteronômica é redefinida pela ação recíproca de fatores estruturais e dinâmicos, internos e externos. Os setores sociais que possuem o controle das sociedades latino-americanas são tão interessados e responsáveis por essa situação quanto os grupos externos, que dela tiram proveito. Dependência e subdesenvolvimento são um bom negócio para os dois lados. Entretanto, sob as condições históricas atuais, o novo padrão de imperialismo e a hegemonia dos Estados Unidos colocam uma questão dramática: podem os países latino-americanos atingir realmente a integração nacional e a autonomia econômica, sociocultural e política através do capitalismo? As estimativas demográficas para a região, em 1970, indicam uma população de quase 283 milhões.[16] Todavia, uma grande parte dessa população pode ser considerada como *condenada pelo*

---

16 Economic Commission for Latin America (Cepal), *The Latin America economy in 1968*, New York, United Nations, 1969, p. 3-4.

sistema, pois carece dos meios para vender seu trabalho como mercadoria, ou só pode fazê-lo de maneira muito precária. O quadro seguinte, elaborado pela Comissão Econômica para a América Latina (ONU), baseado em estimativas para 1965, descreve a distribuição da renda por grupos:[17]

Grupo de renda	Porcentagem de participação na renda total	Renda média (média regional = 100)	Renda média "per capita" (em dólares)*
Os 20% mais pobres	3,5	18	68
Os 30% abaixo da mediana	10,5	35	133
Os 30% acima da mediana	25,4	85	322
Os 15% abaixo dos 5% do tope	29,1	194	740
Os 5% do tope	31,5	629	2.400

* Dados expressos em dólares, aos preços de 1960.

Em média, os 50% mais pobres participam de 14% da renda total (isto é, recebem cerca de 55 *centavos* por dia!). Esta é a terrível herança de quatro séculos de "tradição colonial" aberta ou dissimulada, a qual não pode ser superada mediante uma forma mais complexa e asfixiante de neocolonialismo. No outro extremo, os 20% que constituem o grupo de renda superior participam de quase 61% da renda total, recebendo uma renda *per capita* média seis vezes maior que a dos outros 80%. Só os 5% do tope participam de um terço da renda total, o que representa uma renda *per capita* média doze vezes maior que a dos 50% de baixa renda. Esse grupo de 20% compreende um setor muito bem "desenvolvido" e, em termos estritos, a "sociedade cívica" ativa.

É claro que a situação descrita varia relativamente de um país para outro e mesmo com respeito a regiões de um mesmo país.[18] Todavia, o *spectrum* possui um significado sociológico específico, pelo menos para a presente discussão. Ele fornece um sistema de referência empírico para a nossa pergunta. O desafio latino-americano ao capitalismo emerge desse quadro: pode o capitalismo privado, sob condições de extrema concentração interna da renda (e, em consequência, do prestígio social e do poder) e sob condições de dominação externa e de drenagem de riquezas permanentes, enfrentar realmente e mudar uma tal realidade? A *lógica da situação* tem mostrado que um desafio tão complexo não pode ser enfrentado

---

17 Cepal, *The Latin America economy in 1968*, op. cit., p. 5.
18 Sobre as variações entre alguns países latino-americanos, ver Comisión Económica para América Latina, "La distribución del ingreso en América Latina", *Boletín Económico de América Latina*, XII-2, 1967, p. 152-175; e *El desarrollo económico y la distribución del ingreso en la Argentina*, New York, United Nations, 1968.

e modificado através do capitalismo privado, especialmente através desse tipo de capitalismo dependente, que envolve, estrutural e dinamicamente, tanto uma extrema concentração interna da renda quanto uma dominação externa e uma drenagem de recursos permanentes. Em teoria, seria possível presumir que uma mudança radical da força externa poderia resolver o problema. Uma transferência maciça de capital, de tecnologia e de pessoal qualificado poderia iniciar um novo processo de reorganização econômica, sociocultural e política. Na prática, as coisas não são tão simples. Um processo como esse tem um preço, que os países da América Latina não podem pagar. Por outro lado, para que ele fosse bem-sucedido, seriam necessários certos requisitos estruturais e dinâmicos, que não existem e não podem ser criados tão facilmente (se existissem, ou pudessem ser criados rapidamente, os países em questão poderiam resolver os problemas por si mesmos).

A questão real, porém, é diferente. Pelo menos até o momento, o novo modelo de imperialismo limitou a amplitude dentro da qual a iniciativa privada poderia desempenhar funções construtivas e inovadoras. Uma superpotência capitalista necessita de tipos diferentes de mercados externos, desde as economias capitalistas avançadas até economias dependentes, semicoloniais e coloniais. A preservação de sua posição depende de vigilância e controle contínuos da expansão das grandes empresas corporativas, e da intensificação crescente das relações econômicas com os mercados externos. Assim, uma superpotência capitalista não pode enfrentar e resolver nem os problemas de seus parceiros menores, nem muito menos os problemas das economias dependentes, semicoloniais e coloniais, incorporadas ao seu espaço econômico, sociocultural e político. Isso explica o fracasso da *Aliança para o Progresso* na América Latina. Ao mesmo tempo, isso explica também, em nível mais complexo, os padrões de fluxo de capital, nas duas direções ("*inflow*" e "*outflow*"), entre os Estados Unidos e as economias latino-americanas. Numa reunião de ministros, promovida pela Comissão Executiva de Coordenação Latino-Americana (Viña del Mar, 15/5/1967), foi reconhecido oficialmente que, apesar dos programas da *Aliança*, o investimento privado na América Latina, em 1967, produziu um lucro líquido de 1.194 milhões de dólares. Desse total, foram reinvestidos 172 milhões de dólares, aos quais foram adicionados 191 milhões de dólares de investimentos privados.[19] Os países latino-americanos sofreram uma perda da ordem de 831 milhões de dólares.[20] Contudo, isso é parte de um processo global,

---

19 Ver *O Estado de S. Paulo* (São Paulo, Brasil, 15 maio 1969).
20 Sobre o assunto, de modo mais geral, ver A. G. Frank, nota 14.

que afeta todas as economias estrangeiras, relacionadas ou dominadas pela superpotência capitalista, como é revelado pelos seguintes dados:[21]

Investimentos diretos e lucros norte-americanos

	Saída de capital		Entrada de capital	
	1965	1968	1965	1968
Mundo (em bilhões de US$)	3,5	2,9	4,9	5,8
Europa Ocidental	42,9%	34,4%	22,4%	22,4%
Só o Reino Unido	8,6%	3,4%	8,2%	6,9%
Canadá	27,6%	13,8%	18,4%	17,2%
América Latina	8,6%	10,3%	24,5%	25,9%
Oriente Médio etc.	20,9%	41,5%	34,7%	34,5%

As economias capitalistas mais avançadas possuem mecanismos de autodefesa. Todavia, também estão sob pressão e necessitando mercados externos (inclusive o mercado dos Estados Unidos), em particular, precisam dos mercadores dependentes, semicoloniais e coloniais (dos quais é possível maior drenagem de riquezas). Na realidade, a posição hegemônica dos países de segunda ordem está permanentemente ameaçada pela supremacia tecnológica, financeira e política dos Estados Unidos, que impõem uma política econômica realisticamente orientada para sua autoproteção. Em consequência, o novo modelo de imperialismo envolve um crescimento rápido do fluxo internacional do capital. Porém, a rigidez do controle externo e da exploração também aumenta, como um produto estrutural da situação global.

Portanto, o uso da militarização do poder ou do autoritarismo civil como estratagema político para auxiliar "um desenvolvimento mais rápido e seguro" na América Latina, nessas condições, é absurdo. O colunista de uma revista brasileira escreveu que "os modelos autoritários, aplicados no mundo em desenvolvimento, correspondem – com mais ou menos autenticidade – à necessidade urgente de intensa acumulação de capital em países nos quais a expansão do mercado interno, por si só, não é capaz de assegurar a taxa necessária de acumulação".[22] O que falta, nessa descrição, é uma análise explícita do processo de acumulação de capital no contexto dos países dependentes e subdesenvolvidos. Nesse contexto, o novo tipo de imperialismo e de hegemonia norte-americana transfere para o exterior a estimulação, a orientação e o controle desse processo. O fardo da acumulação de capital é

---

21 Cf. *Le Monde*, Paris (13-19 mar. 1969); fonte: First National City Bank.
22 *Visão*, São Paulo (14 fev. 1970, p. 39).

carregado pelos países latino-americanos; mas seus efeitos multiplicadores mais importantes são absorvidos pelas economias centrais, que funcionam como centros dinâmicos de apropriação das maiores cotas do excedente econômico gerado.

Os setores sociais dominantes e as elites no poder dos países latino-americanos, assim como a superpotência capitalista externa e as nações hegemônicas associadas, defendem a esperança de que é possível "reproduzir a história". Há uma convicção especialmente forte segundo a qual o novo padrão de dominação imperialista pode ser adaptado ao "desenvolvimento com segurança", para ambas as partes. Entretanto, apesar da rigidez econômica, cultural e política, externa e interna, é discutível que o imperialismo moderno possa ter um êxito equivalente ao do antigo imperialismo. As tensões provocadas pelas migrações internas, a pobreza generalizada e a frustração sistemática não podem ser suprimidas sem mudanças estruturais substanciais. E, atualmente, o capitalismo privado não é um caminho privilegiado e exclusivo. Ele enfrenta soluções alternativas, do capitalismo de Estado ao socialismo.

A maioria silenciosa dos pobres não pode ser banida eternamente da história. O mesmo é verdadeiro com referência ao protesto organizado e ao radicalismo político, desde os movimentos da classe inferior, até as confrontações estudantis de classe média, intelectuais ou religiosas, e o inconformismo moral dos setores esclarecidos das classes médias e superior. A consciência da situação atual e a inconformidade diante dela, aberta ou latente, são dois fenômenos gerais e interdependentes. Por outro lado, a modernização tecnológica, a entrada gradual de capital e o crescimento dos mercados internos podem ser considerados fatores importantes de mudança – em atitudes e orientações de valor, como em relações de classes e usos sociais da competição e do conflito. O que hoje é um processo econômico controlado do exterior e do interior pelos interesses privados, pode transformar-se rapidamente num processo político incontrolável. Essa sempre tem sido a lição da história, nas transformações que levaram do colonialismo ao capitalismo e ao socialismo. Os dois períodos de imperialismo foram e são valiosos para a emergência de uma consciência social crítica, do radicalismo político e da revolução social, dentro da ordem ou contra ela.

Desse ponto de vista, o dilema latino-americano não nasce da incongruência entre o sistema compartilhado de valores ideais e a *praxis* social (como foi descrito, com referência aos Estados Unidos, por Myrdal e Hollingshead). Ele provém da mais profunda necessidade histórica e social de autonomia e equidade. Isso significa que as alternativas políticas efetivas deixam uma margem estreita para as opções coletivas. Se os setores sociais dominantes e as elites no poder realmente desejam um desenvolvimento gradual e seguro, e se forem capazes de obter apoio popular, suas probabilidades de êxito dependem de um forte nacionalismo revolucionário. Sob as condições econômicas, socioculturais e políticas dos países latino-americanos essa alternativa implica a implantação e o aperfeiçoamento de um novo tipo de capitalismo de Estado, capaz de ajustar a velocidade e a intensidade do desenvolvimento econômico e da mudança sociocultural aos requisitos da "revolução dentro da ordem social". A outra resposta alternativa só pode surgir de uma rebelião popular e radical, de orientação socialista. A estranha combinação de uma ampla maioria de gente destituída, miserável ou quase miserável, a uma exploração externa implacável e uma péssima utilização interna da riqueza, por minorias privilegiadas, gera um componente histórico imprevisível. A explosão social não é planejada com antecipação. Como em Cuba, ela pode sobrevir inesperada e dramaticamente. A estrutura da sociedade e suas permanentes condições de anomia contêm os ingredientes básicos da desintegração: quando as forças da rebelião são liberadas, a ordem social não pode funcionar como um fator de autopreservação e de autorregeneração, porque ela não é desejada sequer pelos que tiram proveito das desigualdades e iniquidades existentes. A última alternativa, sem dúvida, abre caminho para a realização dos padrões mais elevados da razão humana e para a liberação real das sociedades latino-americanas. Todavia, ambas as soluções poderiam dar início a novas vias de evolução da América Latina, na direção de uma história de povos livres e independentes.

Capítulo II

Classes Sociais na América Latina*

Introdução

O conceito de *classe social* tem sido empregado em diferentes sentidos. Alguns autores o usaram (e continuam a usá-lo) para designar qualquer tipo de estrato social, hierarquizado ou não, como equivalente do conceito mais amplo de "camada social". Há autores que o utilizam de maneira mais restrita, para designar estratos sociais que se caracterizam pela existência de uma comunidade de interesses, mais ou menos percebidos socialmente, e quase sempre associados a relações de dominação, de poder político e de superposição (também baseadas em diferenças de prestígio social e de estilo de vida). Por fim, existem autores que o aplicam com um máximo de especificidade histórica, para designar o arranjo societário inerente ao sistema de produção capitalista. Nesse sentido, a classe social só aparece onde o capitalismo avançou suficientemente para associar, estrutural e dinamicamente, o modo de produção capitalista ao mercado como agência de classificação social e à ordem legal que ambos requerem, fundada na universalização da propriedade privada, na racionalização do direito e na formação de um Estado nacional formalmente representativo. Concebida à luz da última acepção, aceita pelo autor, a "sociedade de classes" possui uma

---

* Comunicação apresentada ao *Seminário sobre os Problemas de Conceituação das Classes Sociais na América Latina* (Instituto de Investigaciones Sociales, Universidad Nacional Autónoma de México, Mérida, 12-18 dez. 1971.

estratificação típica, na qual a situação econômica regula o privilegiamento positivo ou negativo dos diferentes estratos sociais, condicionando assim, direta ou indiretamente, tanto os processos de concentração social da riqueza, do prestígio social e do poder (inclusive do poder político institucionalizado e, portanto, do poder de monopolizar o controle do Estado e de suas funções), quanto os mecanismos societários de mobilidade, estabilidade e mudança sociais.

A caracterização precedente foi contida dentro de limites essenciais. Há um intenso debate sobre as consequências e as implicações das evoluções recentes do capitalismo, o qual visa a pôr em choque a utilidade do conceito de classe social e a própria validade da noção da sociedade de classes. Esse debate, sob muitos aspectos pouco preciso e criador, constitui um aspecto da crise ideológica, que abala o mundo em que vivemos. Os cientistas sociais, mesmo quando se proclamam "neutros" e "objetivos", participam dessa crise e a instilam em suas análises e interpretações. Por isso, negam a existência das classes sociais na sociedade que conseguiu reunir as condições mais completas e fluidas para o seu florescimento (como sucede com os Estados Unidos em nossos dias). Ou, então, anunciam o fim das classes sociais sob a égide do próprio capitalismo, numa época em que o capitalismo monopolista revitaliza a sociedade de classes, reorganizando-a em escala mundial (dentro do chamado "mundo capitalista") e convertendo-a em uma realidade primordialmente política, da qual dependeria a "sobrevivência" da *civilização*, da *democracia* e do *cristianismo*. Ao que parece, a uma crescente flexibilidade tecnológica e econômica corresponde uma forte rigidez ideológica e política, o que explica por que as condições externas de existência suscitam um clima de pânico intelectual e de inibição ou distorção de todas as formas de pensamento crítico (do conhecimento de senso ao conhecimento filosófico ou ao conhecimento histórico-sociológico). Neste trabalho, não nos pusemos à margem do referido debate. Colocamo-nos contra ele, retomando categorias de pensamento e de explicação construídas através da sociologia clássica. Está claro que tais categorias precisam ser adequadas, empírica e interpretativamente, ao presente e às realidades da América Latina, um esforço que já havíamos feito e continuamos neste estudo.

A grande dificuldade, com que se defronta o sociólogo na caracterização conceptual, nas análises e na interpretação das classes sociais na América Latina, não está, como se tem afirmado, na coexistência e superposição de diferentes realidades anteriores à "era das classes sociais", que as negam, contradizem ou pelo menos as solapam. Mesmo nas sociedades capitalistas hegemônicas não ocorreu semelhante simplificação da história. A estratificação em classes não extinguiu relações, estruturas e funções que não foram suprimidas pelas sucessivas reorganizações do espaço econômico, sociocultural e político, provocadas pelas diversas revoluções do capitalismo moderno. Na verdade, tais relações, estruturas e funções sobreviveram – às vezes provisoriamente – porém foram absorvidas pelo mercado capitalista, pelo sistema de produção capitalista ou por ambos, e perderam eficácia social e significado histórico. O que não quer dizer que não tenham contribuído (ou não estejam contribuindo) para projetar nas relações de classes tensões e conflitos que não seriam típicos do "capitalismo moderno" (e que por vezes não podem ser resolvidos através dos dinamismos de integração social e de solidariedade, inerentes à sociedade de classes). Sob esse aspecto, as complicações, da América Latina não são menores que as que apareceram na Europa e as que persistem nos Estados Unidos. Ao contrário, são ainda maiores causando, portanto, perplexidades mais profundas.

A difilculdade em questão surge no modelo que está por trás da noção sociológica de capitalismo e de sociedade de classes. Na América Latina, o capitalismo e a sociedade de classes não são produtos de uma evolução interna, o que, em si mesmo, não constitui a maior fonte de problemas. Acresce que, até o presente, o capitalismo evoluiu na América Latina sem contar com condições de crescimento autossustentado e de desenvolvimento autônomo. Em consequência, classes e relações de classe carecem de dimensões estruturais e de dinamismos societários que são essenciais para a integração, a estabilidade e a transformação equilibradas da ordem social inerente à sociedade de classes.

O fato de que não exista o modelo pressuposto nas várias descrições clássicas de "ordem social competitiva" não significa que ela não tenha emergido socialmente e "feito história" na América Latina. Significa, apenas, que se precisa usar conceitos, categorias analíticas e interpretações clássicas tendo em vista uma situação histórica peculiar, na qual a realidade se apresenta de outra maneira (e exige uma redefinição do modelo que alimenta as suposições axiomáticas da descrição sociológica). Doutro lado, a ausência de certas dimensões estruturais e de certos dinamismos faz com que as contradições de classe sejam amortecidas, anuladas e em regra pouco dramatizadas como e enquanto tais (graças à opressão sistemática, à omissão generalizada e à anomia das massas despossuídas). Isso acarreta uma impossibilidade teórica evidente: o conceito de classe social não se configura como uma categoria perceptiva e cognitiva que organiza as orientações do comportamento coletivo e suas impulsões de negação e destruição da ordem existente. Todavia, seria falso presumir, daí, que os dinamismos de classes sufocados são suprimidos. A reflexão comparada sugere que as insatisfações de uma classe potencial são mais perigosas para uma sociedade de classes em formação e em consolidação, que o querer coletivo de uma "classe em si e para si" numa sociedade de classes plenamente constituída. Enquanto a última pode absorver diferentes tipos de tensões e de conflitos de classes, preservando dentro de certos limites sua estabilidade e capacidade de renovação, a primeira não pode fazer face às tensões e aos conflitos emergentes, que eclodem graças ao aparecimento das relações de classes, sem pôr em risco sua estabilidade e, mesmo, sem destruir-se. Portanto, estruturas de classe em formação e dinamismos de classes ineficientes favorecem a obliteração da "história possível". Onde a sociedade de classes emerge mas não consegue absorver e orientar as forças de tranformação da ordem social, ela nasce condenada à crise permanente e ao colapso final. Nesse caso, se o desígnio de transformar ou de destruir a ordem social existente está ou não contido no "momento de vontade coletiva" dos agentes históricos em conflito (real ou potencial), é irrelevante. O exemplo de Cuba sugere que a explosão pode preceder à formação da consciência de classe revolucionária propriamente dita e, em particular, a sua universalização.

Essas ponderações indicam que o sociólogo latino-americano lida com realidades ao mesmo tempo difusas, complexas e altamente móveis. Se se apanham as classes sociais tendo em vista a hegemonia dos estratos dominantes, as aparências são de uma "sociedade sem história" (pois todas as mudanças convergem para um mesmo fim, a perpetuação do poder nas mãos de pequenos grupos, de acordo com a conhecida regra segundo a qual *"plus cela change, plus cela c'est la même chose"*). Se se tomam as classes sociais tendo em vista a natureza, a duração e as debilidades da revolução burguesa e os ritmos históricos das "transições inesperadas" (das revoluções dentro da ordem, que só se podem concretizar convertendo-se em revoluções contra a ordem), o que se patenteia é o reverso da medalha, e as sociedades latino-americanas aparecem como sociedades em convulsão, que estão em busca do seu próprio patamar e tempo históricos. É impossível fixar todos os problemas que essa situação caótica e tão rica de desdobramentos impõe à reflexão sociológica, nos dois polos do que é recorrente e do que é variável. Por isso, concentramos a presente discussão em três temas convergentes: existem classes sociais na América Latina?; capitalismo dependente e classes sociais; classe, poder e revolução social. Esses três temas permitem situar as questões que preocupam os sociólogos latino-americanos no estudo das classes sociais e definem, em diferentes níveis de análise e de interpretação, como a herança da sociologia clássica pode ser retomada e redefinida nos quadros de uma nova problemática, que tem uma origem concreta, possui importância teórica e contém um significado político.

Existem classes sociais na América Latina?

Uma pergunta prévia se coloca a qualquer análise conceptual – existe ou não o objeto que se pretende descrever conceptualmente? Essa pergunta não é inócua. Primeiro, porque as análises que foram feitas por economistas, sociólogos, antropólogos e historiadores evidenciam empiricamente que o núcleo integrado e expansivo da ordem social competitiva é quantitativamente muito reduzido e qualitativamente pouco dinâmico. Os anuários, relatórios especiais e contribuições interpretativas da Cepal, em particular, demonstram que se pode falar na existência de uma categoria tão numerosa quão heterogênea de pessoas, que constituem os "condenados do sistema" e sua "maioria silenciosa". Sob esse aspecto, a economia capitalista, a sociedade de classes e sua ordem social competitiva atuam como o "motor da história" mais porque nelas estão concentrados os centros de decisão (do que por outras razões alternativas, como a absorção e eliminação dos "sistemas" ou "resíduos" pré-capitalistas). No fundo, quer se trate das metrópoles, das cidades ou do campo, as classes sociais propriamente ditas abrangem os círculos sociais que são de uma forma ou de outra *privilegiados* e que poderiam ser descritos, relativamente, como "integrados" e "desenvolvidos". Tais setores coexistem com a massa dos despossuídos, condenados a níveis de vida inferiores ao de subsistência, ao desemprego sistemático, parcial ou ocasional, à pobreza ou à miséria, à marginalidade socioeconômica, à exclusão cultural e política etc. As classes sociais se superpõem a outras categorias sociais de agrupamento, de solidariedade e de articulação às sociedades nacionais. Segundo, as poucas classes sociais parcial ou completamente integradas não se veem como classes e negam esse caráter às demais categorias sociais ou à sociedade global. Pode-se falar em "mistificação burguesa", em "ilusões nacionais" e em "obstinação do tradicionalismo católico". O fato é que a palavra classe encontra um emprego ambíguo (exatamente para designar "grupos de *status*", através dos quais se dissimulam interesses de classes, formas de dominação de classe e conflitos de classes, que só podem ser manejados a partir de cima). As mitologias forjadas pelas burguesias nacionais insistem em rótulos pertubadores, que são aceitos, consagrados e difundidos pelos setores "radicais" das classes médias e pelos "movimentos de esquerda". A ênfase é posta em processos, cujos mecanismos reais são escamoteados (os exemplos corriqueiros vão do "São Paulo é a cidade que mais cresce no mundo" ou "Ninguém segura o Brasil" e conceitos mais abstratos, como "revolução pelo desenvolvimento", "mexicanização", "solução peruana", "via chilena", "argentinização da economia" etc.). Não só as duras realidades e os dinamismos típicos de relações de classes são dissimulados.

Nega-se a existência das classes sociais como e enquanto tais, bem como o jogo econômico, social e político imposto pelos interesses de classes dominantes. Terceiro, onde as "classes sociais" são reconhecidas – o que sucede em obras de cientistas sociais norte-americanos, europeus ou em estudos latino-americanos mais preocupados com o combate à pobreza dentro da ordem – as imagens que sobem à tona tendem a ignorar a sociedade de classes efetiva, que nasceu e cresceu graças a uma nova conjunção dos privilégios internos com a exploração externa. Nesse caso, o que se designa como classe é mais o equivalente do estamento na velha ordem senhorial na Europa, no sul dos Estados Unidos e na própria América Latina da época colonial ou do período da formação dos Estados-Nação. O que há de mau, no emprego da palavra, não é que ele não seja verdadeiro quanto aos aspectos focalizados. Os estamentos não foram extintos historicamente, pois eles se fazem sentir de várias maneiras (embora só sejam ressaltados os dois aspectos mais evidentes ou "chocantes", que aparecem seja no "orgulho", na "alienação", e na "prepotência" do rico e poderoso – especialmente quando o rico e poderoso usa a sua riqueza e o seu poder – seja no isolamento, na "humildade", e na "resignação" dos que nada possuem e nada podem). O mal está na inadequação sociológica das descrições, que acolhem inadvertidamente as mistificações da consciência burguesa e os mitos nacionalistas. As "classes" são indentificadas com a herança colonial, com tradições de estilo de vida a *la grande*, com o orgulho e o paternalismo ibérico, com a apatia e o conformismo das massas etc. Perde-se de vista o essencial; como a emergência de novas realidades econômicas, sociais e políticas, vinculadas à expropriação capitalista, permitiram a revitalização de atitudes, valores e comportamento estamentais. E negligenciam-se as consequências, que aparecem na superposição de orientações de valor exclusivas (de classe e de estamento) e na persistência da acumulação de desigualdades sociais numa sociedade global na qual a estratificação bifurcada cedeu lugar a uma estratificação pluralista.

O balanço feito acima sugere duas coisas. As classes sociais se manifestam nas sociedades latino-americanas como formações histórico-sociais típicas. No entanto, elas apresentam variações (em três níveis distintos: o das bases perceptivas e cognitivas das atitudes e comportamentos de classe; o dos conteúdos e orientações da consciência e relações de classe; e o da diferenciação, articulação e oposição das classes sociais entre si), que não são simples produtos de diferenças de contexto sociocultural ou de tempo histórico. Por mais que esses dois aspectos pareçam contraditórios e exclusivos, ambos se explicam pela mesma causa: o modo pelo qual o capitalismo se institucionalizou, difundiu-se e desenvolveu-se na América Latina. A expansão do capitalismo atingiu, em todos os países (embora em extensão e com intensidade variáveis), proporções suficientes para fazer da ordenação em classes sociais o núcleo estrutural e dinâmico da organização societária. Ao mesmo tempo, porém, a referida expansão do capitalismo ajustou-se, de maneira variável mas geral, a condições externas e internas que restringiram ou entorpeceram as funções diferenciadoras, classificadoras e estratificadoras do mercado e do sistema de produção capitalistas, inibindo assim o grau de universalidade, a eficácia e a intensidade dos dinamismos revolucionários ou estabilizadores da ordenação em classes sociais. Isso quer dizer que o modo histórico-social de concretização do capitalismo engendra a sua própria realidade substantiva. As classes sociais não "são diferentes" na América Latina. O que é diferente é o modo pelo qual o capitalismo se objetiva e se irradia historicamente como força social.

Tomando-se em conta essa consideração, parece óbvio que há pouco sentido em falar-se das "debilidades" e das "inconsistências estrutural-funcionais" como características da "fase de formação das classes sociais" na América Latina. Mantidas as condições de dependência e de reduzido esforço para criar-se um padrão alternativo de desenvolvimento autossustentado, o capitalismo continuará a florescer como no passado remoto ou recente, *socializando* seus custos sociais e *privilegiando* os interesses privados (internos e externos). A hipótese que se delineia não é a de uma gradual autocorreção do regime de classes (tal como ele está estruturado). Mas, a de uma persistência e de um agravamento contínuos da presente ordenação em classes sociais, cujas "debilidades" e "deficiências estrutural-funcionais" foram institucionalizadas e são na realidade funcionais. Se elas desaparecessem (ou fossem corrigidas), com elas desapareceria essa modalidade duplamente rapinante de capitalismo.

Essa interpretação põe em relevo, de imediato, que nas situações predominantes na América Latina umas classes sociais são mais classes que as outras. A exacerbação dos fins, interesses e conflitos de classe é regulada e imposta pelo tipo existente de capitalismo. As classes possuidoras e privilegiadas percebem claramente a falta de alternativas e trabalham no sentido de se protegerem contra a rigidez da situação histórica, que elas mesmas criaram. Como já não podem identificar o Estado e a Nação com suas posições e interesses de classes, nem lhes é dado aproveitar com segurança lemas e palavras de ordem mistificadores, precisam assumir os riscos do uso aberto e sistemático da violência – por meios políticos indiretos e através do Estado, com suas formas armadas e superestruturas jurídicas – como instrumento de perpetuação do *status quo*. Dessa forma, não só aumentam a visibilidade da ordenação em classes sociais: tornam odiosos o capitalismo, a ordem existente e os meios empregados para protegê-los. As demais classes, que reuniam todas as condições de classe, menos a consciência crítica e a disposição para ousar, iniciam seu aprendizado diretamente na área do poder e da contestação política.

Deixando-se de lado as peculiaridades históricas do processo descrito, torna-se patente que o "amadurecimento do capitalismo" não está contribuindo para imprimir ao regime de classes as funções de desagregação social de vícios, tradições e estruturas pré-capitalistas, que o capitalismo não preencheu no passado ou que só perfilhou de modo pouco efetivo. O que está em questão não é apenas a "sobrevivência" de entidades que não foram diluídas e absorvidas pelas classes sociais (como etnias, estamentos ou barreiras raciais, que continuam estanques). É a destruição de condições econômicas, sociais e políticas que impediram a América Latina de fazer autênticas revoluções nacionais através do capitalismo. A rigidez apontada acima constitui um novo tipo de obstáculo à operação das classes sociais como um meio de dissolução e sepultamento do "antigo regime". Na verdade, ela requer o renascimento e a revitalização, sob novos símbolos, de atitudes, valores e formas de opressão e exploração típicos do "antigo regime" (identificado na linguagem de senso comum como a "velha oligarquia").

O pior é que afirmações similares podem ser feitas com referência às funções construtivas das classes sociais. Sob um novo clima de temor pânico, de compulsão repressiva e de abuso do poder político institucionalizado, as classes possuidoras e privilegiadas tentam reconstituir a grande façanha política da oligarquia tradicional, aplicando à participação social ampliada das massas no poder o modelo desmoralizado da democracia restrita. Dentro desse clima e sob tais propósitos, as classes não podem contribuir para acelerar a criação de condições essenciais sequer à estabilidade e à consolidação da ordem existente (e, portanto, para o desenvolvimento do capitalismo). Elas podem irradiar a difusão de hábitos de consumo em massa e de certas exterioridades de "conforto" e de "vida civilizada". Mas não podem universalizar e fortalecer impulsões igualitárias relacionadas com a redistribuição da riqueza e do prestígio social ou com a democratização do poder, requeridas pela própria estratificação em classes sociais. Em outras palavras, não podem absorver as iniquidades sociais, herdadas do passado remoto ou construídas pela implantação da ordem social competitiva, nem servir de trampolim para a emergência mais ou menos rápida do "pluralismo democrático" (considerado por muitos como o índice ideal do "capitalismo maduro").

Em consequência, o tipo de capitalismo constituído na América Latina, que floresceu graças à modernização do arcaico, atinge a era da industrialização em grande escala e da exportação de produtos industrializados explorando com intensidade a arcaização do moderno. A inovação parece ser a regra: a "nova mentalidade industrial", as "novas estruturas econômicas", a "política para o desenvolvimento" etc. são os novos símbolos e orientações de valores dessa era. Todavia, a inovação incrustra-se em uma realidade socioeconômica que não se transformou ou que só se transformou superficialmente, já que a degradação material e moral do trabalho persiste e com ela o despotismo nas relações humanas, o privilegiamento das classes possuidoras, a superconcentração da renda, do prestígio social e do poder, a modernização controlada de fora, o crescimento econômico dependente etc. Não se pode ignorar a história e seria errôneo afirmar-se que nada se passou (ou não está se passando). Essa não é a intenção desta descrição. Contudo, não se estabeleceu na "era industrial" – como não se estabelecera anteriormente com a produção e a exportação de produtos primários – uma relação dinâmica entre capitalismo e descolonização. Para se expandirem e consolidarem, o mercado capitalista moderno, primeiro, e o sistema de produção capitalista, em seguida, adaptaram-se, de uma maneira ou de outra, a estruturas socioeconômicas de origem colonial ou variavelmente pré-capitalistas e dependentes. Por isso, os novos surtos de rápido crescimento econômico renovam e fortalecem desigualdades econômicas, sociais e políticas que são incompatíveis com a ordenação em classes sociais. Incapaz de provocar uma revolução urbana – como foi incapaz de produzir uma revolução agrícola – o capitalismo em questão faz com que a história social do campo se reproduza na evolução das grandes metrópoles e das cidades.

Em suma, as classes sociais não podem preencher suas funções sociais desintegradoras tanto quanto suas funções sociais construtivas sob essa modalidade predatória de capitalismo selvagem. As classes puderam preencher tais funções, nos modelos europeu e norte-americano de revolução burguesa, porque as classes sociais submetidas à expropriação e à espoliação conquistaram o direito de serem ouvidas, de usar meios institucionais de protesto ou de conflito, e de manipular controles sociais reativos, mais ou menos eficazes, regulando assim a sua participação social nos fluxos da renda e nas estruturas de poder. As classes sociais falham, nas situações latino-americanas, porque operam unilateralmente, no sentido de preservar e intensificar os privilégios de poucos e de excluir os demais. Elas não podem oferecer e canalizar socialmente *"transições viáveis"*, porque a "revolução dentro da ordem" é bloqueada pelas classes possuidoras e privilegiadas, porque as massas despossuídas estão tentando aprender como realizar a "revolução contra a ordem", e porque o entendimento entre as classes tornou-se impossível, sem medidas concretas de descolonização acelerada (em relação a fatores externos e internos dos velhos e novos colonialismos). Elas promovem mudanças e inovações, em geral descritas erroneamente (como se fossem produtos estáticos da mobilidade social, da urbanização, da industrialização e da educação), através das quais a crosta superficial da ordem social competitiva adquire a aparência dos modelos históricos originais. Como não vão além disso, engendrando uma consciência e ações de classe negadoras da dependência, do subdesenvolvimento, dos privilégios, da opressão institucionalizada, do desemprego em massa e da miséria generalizada, elas se convertem em meios estruturais de perpetuação do capitalismo selvagem e de preservação do *status quo*.

Capitalismo dependente e sociedade de classes

A discussão precedente dá uma resposta positiva à pergunta formulada no começo da discussão. No entanto, tal resposta não encerra o assunto. Se a classe se manifesta como uma formação histórico-social típica mas não preenche, de forma permanente, suas principais funções destrutivas e construtivas, isso significa que existem, por trás das ocorrências históricas, realidades estruturais que precisam ser devidamente ponderadas. De fato, é mais ou menos fácil importar e difundir técnicas, instituições e valores sociais novos. Porém, é consideravelmente difícil criar as condições materiais e morais que eles requerem, para produzirem o máximo de eficácia e de rendimento sociais. Esse fenômeno ocorreu com a difusão do capitalismo nos países da América Latina, após as lutas armadas pela independência política e a conquista da emancipação nacional. As técnicas, instituições e valores sociais que permitiriam uma profunda e revolucionária reorganização da sociedade, da economia e da cultura sofreram uma difusão rápida. O mesmo não sucedeu – nem podia suceder – com a possibilidade de convertê-los em fatores concretos da dinamização da ordem econômica, social e política. Nesse sentido, pode-se dizer que os modelos ideais de organização da sociedade foram substituídos de acordo com ritmos históricos muito intensos. O mesmo não aconteceu com a criação das estruturas sociais, econômicas e políticas correspondentes, que iriam emergir, difundir-se e desenvolver-se através de ritmos históricos muito débeis e incertos, graças a uma evolução lenta, penosa e oscilante (mesmo nos países que lograram a integração nacional da economia de mercado e da ordem social competitiva com maior rapidez). Na verdade, as reais fronteiras da história, na América Latina, não estão na aparente absorção dos modelos ideais de organização econômica, social e política, que podem ser importados prontos e acabados. Elas se encontram nos "fatos de estrutura", através dos quais os homens constroem (ou deixam de fazê-lo) as condições que asseguram (ou não) a viabilidade histórica e a efetividade prática dos referidos modelos ideais.

Seria impossível, nos limites do presente trabalho, examinar os vários problemas que semelhante ponto de vista coloca à Sociologia. Não obstante, pelo menos três dessas questões exigem esclarecimento, se quisermos ter alguma clareza e precisão no emprego do conceito de classe social às condições predominantes nas sociedades latino-americanas. Essas três questões dizem respeito: 1º) ao tipo de capitalismo que foi designado acima como "capitalismo selvagem"; 2º) à forma e ao dinamismo da sociedade de classes, que se torna histórica e estruturalmente possível sob tal capitalismo; 3º) aos processos de formação, evolução e desintegração da ordem social competitiva na sociedade de classes associada ao capitalismo dependente.

O que é substancialmente igual e invariável no "capitalismo moderno" não nos deve levar a equívocos fatais. Não basta afastar o modelo "normal" ou "clássico", nas interpretações da formação e do desenvolvimento do capitalismo na América Latina (o modelo que envolve condições e efeitos que não se concretizaram historicamente da mesma maneira ou que se manifestaram no nível estrutural de outra forma e com outra intensidade, como: crescimento econômico autossustentado; modernização tecnológica autônoma e acelerada; expansão para fora, com a apropriação da riqueza de outros povos e a incorporação deles aos dinamismos econômicos, culturais e políticos das nações capitalistas em expansão neocolonial e imperialista; impulsões diferenciadoras do processo de acumulação de capital e seus sucessivos impactos na reorganização do sistema de produção; a articulação econômica, sociocultural e política das revoluções agrícola, urbana e industrial, e sua seriação em sequência; racionalização do direito, da administração e das funções econômicas do Estado; formação e consolidação de uma ordem civil burguesa, suficientemente homogênea e fluida para instituir a "hegemonia burguesa", mas bastante aberta para canalizar a competição e o conflito, em escala setorial e nas relações de classe, de acordo com padrões de conciliação que fortaleçam o monopólio social do poder e do Estado pelas classes dominantes; desintegração da cultura de *folk*, que era uma "cultura de pobreza", e proletarização das camadas destituídas, transformadas em classe operária e ativamente empenhadas, como tal, no uso da competição e do conflito nos planos econômico, sociocultural e político; emergência da conciliação como mecanismo político de acomodação dos interesses de classe, de diferenças regionais e de atividades partidárias conflitantes; dualidade da política econômica, simultaneamente "nacional" e "mundial", isto é, voltada para o desenvolvimento econômico interno e a integração nacional da economia através da conquista de hegemonia econômica, cultural e política sobre outros povos, submetidos a uma dominação neocolonial ou imperialista). É preciso colocar em seu lugar o modelo concreto do capitalismo que irrompeu e vingou na América Latina, o qual lança suas raízes na crise do antigo sistema colonial e extrai seus dinamismos organizatórios e evolutivos, simultaneamente, da incorporação econômica, tecnológica e institucional a sucessivas nações capitalistas hegemônicas e do crescimento interno de uma economia de mercado capitalista. Esse modelo reproduz as formas de apropriação e de expropriação inerentes ao capitalismo moderno (aos níveis da circulação das mercadorias e da organização da produção). Mas, possui um componente adicional específico e típico: a acumulação de capital institucionaliza-se para promover a expansão concomitante dos núcleos hegemônicos externos e internos (ou seja, as economias centrais e os setores sociais dominantes). Em termos abstratos, as aparências são de que estes setores sofrem a espoliação que se monta de fora para dentro, vendo-se compelidos a dividir o excedente econômico com os agentes que operam a partir das economias centrais. De fato, a economia capitalista dependente está sujeita, como um todo, a uma depleção permanente de suas riquezas (existentes ou potencialmente acumuláveis), o que exclui a monopolização do excedente econômico por seus próprios agentes econômicos privilegiados. Na realidade, porém, a depleção de riquezas se processa à custa dos setores assalariados destituídos da população, submetidos a mecanismos permanentes de sobreapropriação e sobre-expropriação capitalistas.

Tem-se discutido se o capitalismo dependente é "colonial" ou "neocolonial" (como agora se prefere dizer). Existem vários tipos de colonialismo e de neocolonialismo. Não seria difícil, portanto, descobrir similaridades significativas entre o antigo sistema colonial, a transição neocolonial e o capitalismo dependente propriamente dito. O conhecimento resultante de semelhantes comparações apenas apanharia certas determinações estruturais de significado geral, fora e acima dos contextos histórico-sociais através dos quais seria possível apreender sua importância específica para a formação e o desenvolvimento do mercado, do sistema de produção e da sociedade global, nas três fases apontadas. Seria, em suma, um conhecimento sociológico pouco útil à compreensão e à transformação da realidade. Os autores que preferem qualificar o capitalismo dependente como colonial ou neocolonial não se preocupam com esse aspecto, ao mesmo tempo teórico e prático (e que seria central de um ponto de vista marxista), pois se interessam mais pelo impacto emocional do uso dos dois conceitos na oposição nacionalista ou socialista à dominação externa. Ao proceder desse modo, porém, criam uma falsa consciência crítica da situação existente, paradoxalmente simétrica às mistificações antirradicais, elaboradas por meio das ideologias conservadoras. Uns, confundem a dependência com formas pré-capitalistas ignorando que essas formas se transformaram graças à evolução interna do capitalismo e às suas novas conexões com a transformação do capitalismo no exterior; outros, escamoteiam a dependência, ocultando-a por trás da soberania nacional e simulando uma autonomia econômica, sociocultural e política que é impossível. Ambas as distorções perceptivas e cognitivas precisam ser corrigidas, se se pretende que a explicação sociológica seja útil a processos viáveis de autonomização histórico-social (graduais ou revolucionários).

São conhecidas as vinculações do antigo sistema colonial com o capitalismo comercial. Aquele sistema foi organizado, em todos os setores da ecomonia colonial (mineração, produção agropecuária para exportação ou consumo interno e comércio), para promover a drenagem de riquezas da América Latina para a Europa e, portanto, para expandir o capitalismo na Espanha, em Portugal, na Holanda ou na Inglaterra, na França etc. Está claro que ele exigia, em termos relativos, vastos investimentos financeiros, ampla inovação tecnológica e um mínimo de racionalidade administrativa. No entanto, a conexão capitalista pura e irredutível da economia colonial procedia do circuito comercial e realizava-se no mercado europeu (através da transformação de produtos primários e da mercantilização das mercadorias resultantes). É certo que as ambiguidades de um tipo de colônia de exploração, que envolvia alguns traços de povoamento e o constante incremento demográfico dos *colonos* (de origem externa ou interna), acarretavam fortes pressões no sentido de eliminar barreiras socioeconômicas e de estilo de vida, pelo menos nos setores possuidores e privilegiados das populações coloniais. Enquanto teve condições de sobrevivência, o sistema colonial resistiu seletivamente a tais pressões, absorvendo algumas delas e eliminando outras, preservando porém a sua estrutura e dinamismos (o que significa, em outras palavras, que se transformou continuamente, ao longo dos três séculos de sua duração, mas resguardando e fortalecendo as funções que davam primazia à superposição da colônia de exploração ao crescimento demográfico). Por isso, sob a vigência do antigo sistema colonial, tanto o mercado quanto o sistema de produção foram cuidadosamente resguardados de impulsões que poderiam minar ou destruir o sentido explorador da colonização. Em consequência, enquanto se manteve, o antigo sistema colonial impediu que o mercado e o sistema de produção assimilassem as formas e os dinamismos da economia e da sociedade de mercado, imperantes no mundo metropolitano. As transformações que ele sofreu, sob o império do pacto colonial, não visavam a uma revolução dentro da ordem, que transferisse o controle do "capitalismo político e monopolizador" (para usar uma expressão de Max Weber) das metrópoles para as colônias: elas se voltavam para o aperfeiçoamento da exploração colonizadora e da própria ordem colonial, que precisavam ser reajustadas às modificações do capitalismo da Europa e às realidades cambiantes do mundo colonial.

Essa interpretação não pretende negar nem a "modernidade" nem o caráter capitalista do empreendimento colonial. Quer somente repô-lo em seu contexto estrutural e histórico. Se as coisas fossem diferentes e a descolonização fosse ao mesmo tempo econômica, cultural e política, haveria uma transição imediata do "modelo colonial" para o "modelo europeu". No entanto, o tipo de capitalismo existente na Europa não estava incubado nas formas de vida coloniais. O que aqui apareceu e se desenvolveu, que se pode considerar *"típico do capitalismo moderno"*, não só eram conexões do capitalismo mercantilista: eram o seu reverso, que permitiam organizar e expandir a colonização de sentido explorador. O mercado colonial jamais chegou a ser organizado – mesmo no México ou no Peru – para operar como um mercado capitalista plurifuncional e dinâmico. O elemento capitalista do mercado colonial era imposto de fora para dentro e realizava-se, de fato, através dos dinamismos jurídico-políticos e econômicos dos mercados metropolitanos. Quanto às suas funções puramente econômicas no seio das sociedades coloniais, elas eram reguladas por controles legais e políticos (os quais visavam, conhecidamente: 1) preservar o monopólio metropolitano; 2) dar continuidade e aumentar a eficácia das formas de apropriação e de expropriação inerentes ao comércio colonial; 3) excluir a interferência do mercado na estratificação social e nas relações de poder, ditadas legal e politicamente, com fundamento econômico, através de normas estabelecidas pela Coroa e endossadas pelo consentimento tácito ou explícito dos estamentos privilegiados das colônias. A produção colonial, por sua vez, não podia subordinar-se a princípios de organização propriamente capitalistas. As formas coloniais de produção envolviam fins puramente econômicos, cálculo monetário (pois os custos das operações produtivas deviam ser necessariamente incluídos nas previsões do circuito comercial do agente econômico colonial) e algumas modalidades de trabalho pago, monetariamente, em espécie ou por uma combinação das duas modalidades de pagamento (sendo que o trabalho pago tanto era seletivo, com referência a certas atividades de capatazia e administração ou artesanais, quanto chegava a ser um "trabalho em massa", como sucedeu por exemplo nas minas mexicanas). Componentes dessa ordem são, porém, insuficientes para qualificar seja um "modo", seja um "sistema" de produção capitalista. Na verdade, o elemento capitalista central da economia colonial provinha do comércio colonial interno e externo, o qual impunha formas de apropriação e de expropriação – e, portanto, de acumulação de capital – pré-capitalistas. O reverso do capitalismo comercial, na América Latina, era um *sistema de produção colonial*, estrutural e dinamicamente adaptado à natureza e às funções das colônias de exploração. O caráter precursor de tal sistema de produção aparecia nas combinações da escravidão, da servidão e de modalidades meramente suplementares de trabalho pago com a criação de uma riqueza destinada à apropriação colonial, ordenada legalmente e praticada por meios político-econômicos. Os que afirmam que o sistema de produção colonial, assim constituído, não era feudal, estão certos, porque tal sistema de produção requer um contexto histórico no qual o feudalismo seria uma aberração regressiva. Todavia, na ausência de um mercado interno capaz de funcionar como um autêntico mercado de "tipo burguês", e dada à própria estrutura das relações econômicas imperantes no sistema de produção colonial (predominantemente fundadas em modalidades diretas de apropriação da pessoa, bens e serviços dos trabalhadores), o modo de produção vigente só era "moderno" no sentido de adaptar a criação de riquezas às funções que deviam ser preenchidas pelas colônias de exploração, em virtude de sua articulação econômica, legal e política às economias e às sociedades metropolitanas da Europa.

Em resumo, o mercado e o sistema de produção coloniais não atuaram (nem podiam atuar) como fontes da incubação de evoluções econômicas, sociais, tecnológicas e políticas autonomizadoras (e, nesse sentido, de negação da ordem colonial). As frustrações que eles engendraram foram decisivas para a crise do antigo sistema colonial, mas não para a destruição e rápida substituição das estruturas econômicas e sociais da sociedade colonial. A transformação do mercado, primeiro, e do sistema de produção, em seguida, operou-se graças aos efeitos acumulativos de um novo padrão de incorporação ao espaço econômico, sociocultural e político das nações hegemônicas da Europa. Esse novo padrão de incorporação impôs a eclosão e ulterior expansão interna de um mercado capitalista especificamente moderno (pelo menos nos núcleos urbanos, que capitanearam a absorção e a irradiação dos sucessivos fluxos de modernização tecnológica e institucional) e estimulou, através das funções diferenciadoras e integrativas de tal mercado, tanto a reorganização quantitativa e qualitativa do consumo quanto a formação gradual de um sistema de produção propriamente capitalista. A *fase de transição* desse complexo processo abrange, estruturalmente, o período de tempo mais ou menos variável (conforme as peculiaridades de cada país) que medeia entre a conquista da emancipação nacional e a consolidação do poder econômico, social e político das oligarquias tradicionais. Durante essa fase, estabelece-se e desintegra-se uma situação neocolonial evidente e inquestionável. O controle colonial, de tipo legal e político (embora com fundamento e fins econômicos), foi substituído por controles puramente econômicos, manipulados de fora, através dos mecanismos de mercado. Por isso, à revolução política corresponde uma autêntica depuração consolidadora das estruturas econômicas e sociais herdadas da sociedade colonial. A revolução econômica e social iria surgir mais tarde, graças à evolução interna de um mercado capitalista especificamente moderno e à gradual expansão de um sistema de produção capitalista. A descolonização, que não se inicia de imediato a não ser de modo limitado na esfera política (mediante a trasferência de poder das Coroas e seus representantes para os poderosos do antigo sistema colonial), acompanha as peripécias dessa evolução e só atinge proporções históricas quando se completa o aburguesamento das oligarquias e sua hegemonia começa a ser contestada econômica, social e politicamente. Aí aparecem novos grupos de poder burgueses e a configuração de uma sociedade de classes torna-se nítida.

Não é possível analisar, aqui, os aspectos estruturais e históricos da transição neocolonial (sua duração, consequências e desintegração) e como os países da América Latina entram em sua idade moderna. O importante, para a presente discussão, é que a evolução posterior do capitalismo não foi provocada somente pelas transformações do mercado e do sistema de produção, apontadas anteriormente (como ocorreu na Europa ou nos Estados Unidos). A fase de transição neocolonial, que durou de quatro décadas a meio século nos países de desenvolvimento socioeconômico mais rápido, coincide com a consolidação do capitalismo industrial na Europa e a emergência de um novo padrão de dominação externa imperialista. Em consequência, o que de início constituía uma transferência de controles coloniais, da Espanha, de Portugal ou da Holanda para a Inglaterra, da França ou de outros países, e dera origem a uma situação neocolonial típica, concentrada em torno do comércio de exportação-importação e da modernização cultural, torna-se, com relativa rapidez, uma variante característica (tanto histórica quanto estruturalmente) do "capitalismo moderno". A internalização de um mercado capitalista especificamente moderno (isto é, dotado de dinamismos econômicos e sociais), em expansão mais ou menos rápida e em progressiva integração de escala regional ou nacional, modificou as relações da economia interna com o mercado mundial, ao mesmo tempo que criou um foco interno de crescimento econômico. Surgiu, assim, uma economia de mercado com dois polos dinâmicos interdependentes (um interno, outro externo), capaz de absorver construtivamente o impacto dos dinamismos da economia internacional e de reproduzir, por diferenciação e reintegração internas, o processo de desenvolvimento da própria economia hegemônica. A ordem econômica emergente nascia e se expandia através da incorporação ao espaço econômico, sociocultural e político dos sistemas econômicos centrais, numa extensão e com uma intensidade que seriam inconcebíveis numa *economia colonial* (qualquer que ela fosse, por natureza segmentada dos princípios de organização e funcionamento da *economia metropolitana*). Mas podia retirar de si própria recursos materiais e humanos autopropulsores, suscetíveis de articulação positiva com os dinamismos econômicos procedentes (ou impostos) de fora e, a largo prazo, de "crescer voltados para dentro".

Nesse sentido, o último quartel do século XIX possui uma importância decisiva para a consolidação do capitalismo moderno na América Latina (vista através dos países com maior desenvolvimento econômico). Como sucedera antes, com as estruturas econômicas coloniais, as relações neocoloniais com a Europa entram em crise, sem que as estruturas econômicas produzidas pelo neocolonialismo fossem destruídas. No entanto, os dinamismos econômicos dominantes procediam de um novo tipo de mercado, que reaglutinava as estruturas econômicas de origem colonial ou neocolonial a novas estruturas econômicas, forjadas pelas novas relações com o mercado mundial e pela expansão gradual de um sistema de produção capitalista. Essa complexa totalidade indica que a formação incipiente e o deslanche do capitalismo, como realidade histórica, pouco têm a ver com o chamado "modelo clássico" de desenvolvimento capitalista. Estruturas econômicas pré-capitalistas (mais que a acumulação pré-capitalista anterior, no caso drenada para fora), coloniais ou neocoloniais, serviram de patamar para a criação e a alimentação inicial do setor moderno da economia (na esfera do comércio externo ou interno ou na da produção). Doutro lado, em nenhum momento os dinamismos econômicos procedentes de fora passaram para um plano secundário. Fixando-se no mesmo setor ou deslocando-se setorialmente, eles sempre se mantiveram muito fortes e sempre desempenharam influências estruturais e funcionais determinantes. O que variou foi a capacidade da organização interna da economia de lidar com tais dinamismos, explorando-os com maior flexibilidade e projetando-os em estruturas econômicas mais adequadas à expansão interna do capitalismo (aos níveis do mercado e do sistema de produção). Por fim, as mutações do capitalismo encontram nesse contexto histórico e estrutural uma explicação própria. O primitivo capitalismo mercantilista, que impregnou as atividades econômicas no período colonial e na transição neocolonial, não se evapora: ele continua entranhado no espírito dos agentes econômicos externos e internos, todos orientados por uma mentalidade especulativa predatória. Todavia, a eclosão de um mercado capitalista moderno, sua expansão ulterior e o aparecimento de um sistema de produção capitalista (primeiro no setor urbano-comercial, em seguida no mundo rural e, mais tarde, no setor industrial) modificaram a condição social do agente econômico localizado no interior da economia, independentemente do grau de sua vinculação com os dois polos dinâmicos do crescimento econômico.

O aburguesamento do "senhor rural" é típico. Contudo, não é menos típica a reavaliação das atividades mercantis. À medida que o mercado passa a preencher funções sociais classificadoras, a mercantilização do trabalho se reabilita e a acumulação converte-se em um fator de racionalidade das atividades econômicas (em todos os níveis possíveis e segundo diferentes fins econômicos). No entanto, a "revolução burguesa" desenrola-se como um dado da estrutura, não como um processo histórico. O "produtor rural" que aceita positivamente sua condição burguesa, o grande ou pequeno comerciante que se orgulha de sua contribuição para o "progresso econômico", o trabalhador assalariado ou semiassalariado que pratica a poupança tendo em vista o "enriquecimento" e a passagem para o "mundo dos negócios", todos compreendem a "necessidade" e as "vantagens" da coexistência do antigo regime dentro do novo. Por isso, não lutam contra tal coexistência: veem na associação com capitais e firmas estrangeiras um "fator de progresso" ou em formas pré-capitalistas de produção e de troca uma fonte de intensificação da acumulação de capital. Tais agentes econômicos protagonizam e lideram a revolução burguesa, porque ela é inevitável, já que não podem fugir às funções transformadoras de uma economia de mercado e às transições que ela impõe, na passagem de um tosco capitalismo mercantilista para um elaborado capitalismo comercial e deste para o capitalismo industrial.

Portanto, o advento do *capitalismo maduro*, na América Latina, envolve ao mesmo tempo uma ruptura e uma conciliação com o "antigo regime". A descolonização nunca pode ser completa, porque o complexo colonial sempre é necessário à modernização e sempre alimenta formas de acumulação de capital que seriam impraticáveis de outra maneira. Contudo, quando a revolução burguesa se torna estruturalmente irreversível, ela sedimenta um mundo capitalista inconfundível, que possui duas faces igualmente essenciais para a existência e a sobrevivência do capitalismo na América Latina. De um lado, os dinamismos econômicos que procedem de fora, da permanente incorporação ao espaço econômico, sociocultural, e político de Nações capitalistas hegemônicas da Europa (e, mais tarde, dos Estados Unidos). Esses dinamismos não criam toda a evolução econômica, mas sem eles as transições apontadas não ocorreriam (pelo menos, não ocorreriam na forma indicada e segundo os ritmos históricos conhecidos). De outro lado, os dinamismos econômicos que nascem a partir de dentro, dos elementos autopropelidos das economias latino-americanas mais avançadas. Esses dinamismos também não criam toda a evolução econômica, mas sem eles as realidades do mundo colonial e do mundo neocolonial ainda estariam presentes. Não existiriam economias nacionais na América Latina, viáveis ou inviáveis, e a revolução burguesa, como um ciclo de transformação interna de tais economias, nunca teria transcorrido.

O que interessa, à presente análise, é o elemento específico, que aparece na junção dos dois tipos mencionados de dinamismos econômicos. Se se pode falar em "decolagem" e em "maturidade", com relação a semelhante variedade de capitalismo, elas nunca podem resultar de um dos componentes dinâmicos, considerados unilateralmente. Ambas são, a decolagem e a maturidade, de um capitalismo que nasce e evolui em função da articulação (ao mesmo tempo estrutural e histórica) dos dois tipos de dinamismos, um que se impõe de fora para dentro, outro que se projeta de dentro para fora. Podem-se distinguir três momentos cruciais na evolução da modalidade latino-americana de capitalismo. O momento em que ele se configura, na transição neocolonial; o momento em que ele transborda o mundo neocolonial, mas não o destrói, em que se dá a passagem do primitivo capitalismo mercantilista, herdado da colônia de exploração, para um capitalismo comercial cheio de vitalidade; o terceiro momento, vivido atualmente por poucos países, em que a revolução industrial se intensifica e se acelera. O que é constante, nos três momentos, consiste no impacto externo: ele induz, condiciona e regula a mudança estrutural. O que significa que acarreta transferência de capitais, de agentes humanos, de instituições e de tecnologia. Todavia, essa influência se torna eficiente porque o próprio meio econômico, sociocultural e político interno pode absorvê-la e fazê-la frutificar, nos limites em que isso é necessário e possível através do capitalismo. Há sempre uma fermentação histórica e alguma superação do passado em cada um dos momentos, que não podem ser induzidas de fora para dentro, porque dizem respeito a atitudes, comportamentos e fins que grupos e classes sociais se impõem, através de acomodações e de conflitos sociais.

Por que esse capitalismo, nascido da junção de dinamismos econômicos internos e externos, interligados e interdependentes, não foi capaz de superar as limitações de suas origens? Pode-se procurar as respostas no nível dos efeitos (poderio dos controles econômicos externos ou debilidade da revolução burguesa nas condições apontadas); também se pode procurar as respostas no nível da causação (o tipo de processo de acumulação capitalista, que resulta da articulação estrutural de dois polos dinâmicos: as condições de apropriação e de expropriação podem alimentar a continuidade do processo ou sua deterioração, jamais o fortalecimento unilateral do polo dinâmico interno). Parece pouco importante o nível em que se fazem as interrogações. O importante é que o capitalismo descrito possui a sua própria lógica econômica. Os três momentos indicados mostram como as diferentes crises de formação e de desenvolvimento afetam por igual os dois fatores. Um não se fortalece sem ou contra o outro. Na verdade, o "jogo econômico", para os parceiros externos, volta-se para a especulação e o poder – tanto quanto para os parceiros internos (ambos se estimam e se utilizam como meios para atingir tais fins). Por isso, sobreapropriação capitalista e dependência constituem a substância do processo. Os dinamismos econômicos externos e internos não teriam razão de ser (nem motivariam econômica, social e politicamente os agentes econômicos) se não existisse a perspectiva da sobreapropriação capitalista. Existindo, porém, a sobreapropriação capitalista, o excedente econômico repartido pode alimentar os motivos egoístas e instrumentais dos agentes econômicos, mas não pode gerar a sua autossuperação (ou a sua negação). As exceções aparecem nos momentos de crise e de transição, em que as condições do jogo são reformuladas (não as suas regras). A dependência, por sua vez, não é mera "condição" ou "acidente". A articulação estrutural de dinamismos econômicos externos e internos requer uma permanente vantagem estratégica do polo econômico hegemônico, aceita como *compensadora*, *útil* e *criadora* pelo outro polo. Ainda aqui, são os momentos de crise e de transição que revelam melhor a natureza do processo. Quando se dá a eclosão do mercado moderno, a revolução comercial ou a revolução industrial, os parceiros internos se empenham em garantir as condições desejadas pelos parceiros externos, pois veem em seus fins um meio para atingir os seus próprios fins. Não que se considerem incapazes de "montar o jogo": pensam que usando tal método tornam o processo mais "lucrativo", "rápido" e "seguro". Privilegiam, assim, as vantagens relativas do polo dinâmico mais forte porque "jogam nelas" e pretendem realizar-se através delas.

Não se deve pensar que aí se ache o avesso da ética e da racionalidade capitalista. Essa é a ética e a racionalidade do capitalismo dependente. Ele contém todos os elementos do capitalismo não só em termos dos caracteres centrais do "modelo clássico", mas das condições estruturais, institucionais e funcionais de sua *forma atuante* no vir a ser histórico – porém os projeta em um contexto psicológico, socioeconômico e político próprio, que resulta da articulação dos dois tipos de dinamismos indicados (e não, como muitas vezes se supõe, de uma imposição inflexível, pura e simples, das sociedades nacionais hegemônicas). Por isso, o capitalismo dependente está sempre se transformando, seguindo as evoluções das sociedades centrais hegemônicas, sem no entanto conseguir mudar o padrão de transformação, passando da articulação dependente para o desenvolvimento relativamente autônomo.

Os efeitos da conjunção dos dois polos dinâmicos de desenvolvimento capitalista (e, por consequência, de crescimento econômico) não são sempre os mesmos. Comparando-se diferentes sociedades nacionais dependentes, nas quais o capitalismo surgiu e se expandiu por tais vias, parece que a incorporação rápida e mais ou menos completa no espaço econômico, sociocultural e político das sociedades nacionais hegemônicas aumenta as probabilidades da eficácia do capitalismo dependente e, provavelmente, as potencialidades de sucessivas "revoluções dentro da ordem", mais ou menos bem-sucedidas. Entre os fatores externos à economia, os elementos que parecem mais importantes para a consolidação, o rendimento e as probabilidades de autonomização progressiva (até o presente, apenas parcial) são o tamanho da população e as probabilidades de excluir os centros de decisão (especialmente no nível da política econômica e do funcionamento do Estado) de tendências ao incremento à participação social pelas massas (especialmente os assalariados e os despossuídos). Em alguns casos, a última condição foi garantida por meios aparentemente "democráticos"; em outros, situações que reduzem ao mínimo a descolonização interna tornaram desnecessária a preocupação pelas aparências. Na América Latina, a intensidade da incorporação ao espaço econômico do "mundo avançado" propriamente dito tem sido limitada, seja por motivos puramente econômicos ("as razões de negócio", que têm contribuído para restringir o envolvimento dos parceiros mais fortes ou para animar o apetite dos sócios menores), seja porque os ritmos históricos de absorção da "civilização ocidental moderna" repousam, também em massa, em fatores não econômicos. Nessas circunstâncias, a articulação dependente se tornou uma muleta imprescindível para assegurar a repetição das transformações do capitalismo, ocorridas no exterior, e para garantir as expectativas econômicas ou as probabilidades de crescimento econômico decorrentes. A monopolização dos centros de decisão pelos círculos sociais e econômicos interessados (internos e externos) não foi problema no passado (pelo menos nas duas épocas históricas, relacionadas com a eclosão da economia de mercado e com a revolução comercial). Ela se tornou um problema na atualidade e como não pode ser resolvida pelo mobilização política, manipulada através de partidos espontâneos, ela tem sido enfrentada por formas de concentração de poder – através do "partido único" ou do "partido oficial" da *revolução* e também por meio do emprego das forças armadas como "política interna" ou pelo enrigecimento do "poder civil" – que convertem a *modernização autoritária* em fator adverso à descolonização. No conjunto, as condições imperantes imprimem ao capitalismo dependente uma fraca vitalidade econômica (se se consideram as proporções dos que deveriam participar do mercado, do sistema de produção e das estruturas de poder de uma ordem social competitiva em expansão). O jogo econômico só atinge pleno êxito para os agentes econômicos variavelmente privilegiados, o que significa que suas potencialidades não vão (nem poderiam ir, mantidas as condições existentes) além da preservação do *status quo* econômico.

Portanto, a junção de dinamismos econômicos externos e internos cria uma realidade econômica que só varia no sentido de reproduzir-se através de novas condições ou de novas combinações. O padrão de acumulação de capital, inerente à associação dependente, promove ao mesmo tempo a intensificação da dependência e a redefinição constante das manifestações do subdesenvolvimento. Os agentes econômicos podem-se iludir no plano psicológico, ou incentivar a ilusão dos outros, no plano político. Contudo, nas condições em que é praticada nos países da América Latina, a sobreapropriação repartida do excedente econômico não deixa outra saída. De um lado, independentemente de sua posição e orientação no espaço econômico, os agentes econômicos (externos e internos) veem-se compelidos a dar a mais completa prioridade ao privilegiamento direto dos seus móveis lucrativos (relegando, deliberadamente, ou não, o que poderia ser essencial para a "ampliação e dinamização do mercado interno" e para a "expansão e autonomização do sistema de produção"). De outro, ambos investem primariamente na expansão das economias hegemônicas, desejem ou não esse resultado (ou por causa da drenagem do excedente econômico pelas economias centrais; ou porque, de fato, custeiam a incorporação da economia dependente ao espaço econômico das economias centrais). Isso não quer dizer que o capitalismo dependente "falhou". Ele está preenchendo cada vez melhor as funções que lhe cabem, ao promover o crescimento econômico capitalista sob o mencionado padrão de acumulação de capital e a forma correspondente de sobreapropriação repartida do excedente econômico. A superação desse tipo de capitalismo depende de transformações que o transcendem e que não podem provir dele, como um "desenvolvimento normal".

A caracterização exposta foi intencionalmente contida. Para se ir além, seria necessário fazer-se uma análise da formação e transformação da burguesia nas sociedades latino-americanas: como a oligarquia tradicional desintegrou-se, cedendo lugar a uma plutocracia na qual os "parceiros externos" estão diretamente representados (não apenas por seus interesses ou sócios menores locais). Essa plutocracia constitui uma burguesia compósita, que nunca foi descrita e interpretada sociologicamente como ela realmente é. Está sempre pronta para incentivar decisões que dão prioridade ao crescimento econômico induzido, acelera a modernização dependente e faz abortar mesmo a "revolução dentro da ordem". O que mais interessa à presente análise com respeito a essa plutocracia é a fonte de suas debilidades econômicas e políticas para promover o "salto histórico" que nunca deu, na direção do modelo clássico de "capitalismo maduro". Por paradoxal que pareça, o que mais debilitou as burguesias latino-americanas, reduzindo sua capacidade de ação econômica e de atuação política, foi a maneira pela qual pretenderam fortalecer-se, excluindo ou enfraquecendo outros protagonistas sociais. A revolução burguesa desencadeou, tanto na Europa quanto nos Estados Unidos, uma série de mutações, mais ou menos violentas, mas dentro da ordem. Vários grupos e classes sociais encontraram diferentes meios para participar dessas mutações violentas, impondo às burguesias nacionais acomodações que faziam funcionar a ordem social competitiva. Estabelecendo-se o paralelo, é mais ou menos evidente que, para avançar e construir, as burguesias latino-americanas necessitavam de adversários capazes de desafiá-las. Tem-se pensado que o que faltou foi uma aristocracia reacionária, suficientemente forte para ameaçar a ascensão social da burguesia. Esse raciocínio é incongruente, como se poderia comprovar através dos desdobramentos da revolução burguesa nos Estados Unidos. As nações que importaram uma economia de mercado moderno não podiam forjar a repetição da história. Nelas, a aristocracia primeiro explora as oportunidades do capitalismo, depois se aburguesa (o Japão é o caso típico). As inconsistências das burguesias latino-americanos procedem do fato de que elas resistem à plebeização e instigam a proletarização sem querer aceitar a democratização correspondente da ordem social competitiva. Proscrevendo o destituído da ordem civil e limitando (ou anulando) a participação econômica, cultural e política das classes trabalhadoras, aquelas burguesias enfraqueceram a si próprias, reduzindo suas alternativas, empobrecendo sua visão do mundo e liquidando-se como agente histórico revolucionário. Restringindo a competição e o conflito a privilégios quase estamentais, elas despojaram o capitalismo de suas potencialidades criadoras.

Protegendo-se contra as ameaças mais fracas, as burguesias latino-americanas condenaram-se à impotência diante das ameaças mais fortes. Não foi nem é tão difícil excluir ou silenciar os setores destituídos e as classes pobres, marginalizando-os dentro ou fora da ordem social competitiva. Como inibir ou controlar os dinamismos desencadeados pelas economias hegemônicas em uma economia dependente? Essa questão foi ignorada ou mal respondida pelas burguesias da América Latina, mesmo as mais patrióticas e nacionalistas. Em consequência, viram-se superadas pelos fatos, tanto nos países nos quais conquistaram sua hegemonia de classe por meios relativamente pacíficos (como na Argentina) quanto em países nos quais sua hegemonia de classe foi lograda por vias cruentas (como no México). No final, de uma maneira ou de outra, tiveram de ceder terreno às evoluções externas do capitalismo, de colocar em segundo plano a revolução nacional e de exercer suas funções de liderança ou de dominação como uma plutocracia compósita, minada a partir de dentro pelos interesses, valores e influências sociais das sociedades hegemônicas. Nesse sentido, elas foram os artífices do capitalismo dependente. Escolheram-no e o fortaleceram como alternativa a uma revolução nacional dentro da ordem, que ameaçaria iniquidades muitas vezes de origem e significado ou consequências coloniais, diante das quais "as desigualdades de classe" têm o caráter de uma *conquista democrática*.

Vistos desse ângulo, os polos dinâmicos internos revelam sua importância para a existência, a continuidade e mesmo o aperfeiçoamento do capitalismo dependente. A revolução burguesa, na América Latina, prende-se a condições estruturais e a ritmos históricos que fazem dela o pivô da associação dependente e das sucessivas transições que rearticularam a organização e o funcionamento das economias nacionais latino-americanas às evoluções externas do capitalismo. Ela separou a integração numa escala nacional do mercado e do sistema de produção da nacionalização propriamente dita, seja da política econômica, seja da mobilização socioeconômica, cultural e política da ordem social competitiva. Com isso, as estruturas do capitalismo dependente estão preparadas para organizar a partir de dentro as "condições ótimas" da sobreapropriação repartida do excedente econômico e para renovar continuamente as condições de reincorporação ao espaço econômico, sociocultural e político das sociedades hegemônicas preponderantes. A continuidade e a constante renovação dos vínculos de subordinação ao exterior e da satelitização dos dinamismos econômicos, socioculturais e políticos não se impõem colonialmente; mas graças a uma modalidade altamente complexa de articulação (parcialmente espontânea, parcialmente programada, orientada e controlada) entre economias, sociedades e culturas com desenvolvimento desigual, embora pertencentes à mesma civilização. As duas faces dessa modalidade de articulação são o "imperialismo econômico" e o "capitalismo dependente", os dois frutos mais importantes do capitalismo maduro em escala internacional. O liame que as une, porém, são as decisões internas de burguesias que desfrutam de autonomia, para escolher soluções alternativas, e de poder, para impor sua vontade (e, com ela, suas escolhas). É um erro crasso subestimar os papéis e as funções políticas das burguesias latino-americanas na condução de seus negócios e das sucessivas transições econômicas, que culminaram nas formas assumidas pela revolução comercial e pela revolução industrial no mundo capitalista latino-americano. Como as burguesias da Europa e dos Estados Unidos, elas envolvem os *interesses nacionais* e usam o Estado para atingir seus fins. Se o envolvimento dos interesses nacionais e os usos do Estado adquirem um teor antinacional e trabalham, a curto e a longo prazo, contra a integração nacional e a própria revolução nacional, isso ocorre porque, sob o capitalismo dependente, a burguesia não pode realizar-se como classe e impor sua hegemonia de classe de outra maneira.

A insistência sobre a variante latino-americana de *capitalismo moderno* não foi motivada por qualquer ideia simplista de "determinismo econômico". A economia não precede nem transcende à sociedade e à cultura. Ao contrário, se se constitui um mercado com funções classificadoras ou um sistema de produção que engendra uma ordem social estratificada, fundada na propriedade privada e na mercantilização do trabalho, isso quer dizer que as formas econômicas, socioculturais e políticas que tal mercado ou tal sistema de produção pressupõem se tornam necessárias e se desenvolvem simultaneamente, influenciando-se e determinando-se reciprocamente. Além disso, dadas as condições de evolução do capitalismo na América Latina, formas econômicas, socioculturais e políticas, variavelmente pré-capitalistas, interferiram extensa e profundamente na formação e no desenvolvimento de um mercado capitalista especificamente moderno e de um sistema de produção propriamente capitalista. Portanto, não foram nem são poucas as influências que a sociedade e a cultura – e especialmente formações políticas patrimonialistas ou patrimonial-burocráticas – exerceram e exercem "na produção social da própria existência" pelos homens. Todavia, o que interessa à presente análise não são todos os aspectos genéticos, estruturais e funcionais da sociedade de classes na América Latina – aliás, ainda pouco investigados e mal conhecidos. A forma e os dinamismos dessa sociedade de classes podem ser abstraídos do fluxo histórico e do contexto estrutural, através de uma análise a um tempo histórica e estrutural, se se consegue partir do modelo de capitalismo que floresceu na América Latina, o capitalismo dependente. Tem-se, assim, um fio condutor, que permite isolar a base material de todo o processo de construção social da própria existência pelos homens e estabelecer, por meio das determinações que ela evidencia, o perfil histórico, a estrutura e os dinamismos de funcionamento ou de evolução da sociedade de classes, que corresponde a tal tipo de capitalismo. Aqui não se passa, apenas, do concreto ao abstrato, para se retomar em seguida o estrutural no nível histórico (o caminho explicativo recomendado e posto em prática por Marx). Há sempre uma comparação implícita com o modelo "normal" ou "clássico" – no seu estágio formativo ou em outros, mais recentes – que torna inteligíveis e claras as variações, que surgem e são inevitáveis nas sociedades de classe latino-americanas.

Pode-se afirmar que, de maneira geral, o capitalismo dependente requer e conduz à sociedade de classes como formação histórico-social típica. No entanto, ele oferece ao regime de classes uma base econômica que reproduz, nos níveis de organização da sociedade, da cultura e do poder, a realidade estrutural e histórica do capitalismo dependente. A referida base econômica é bastante forte para sustentar e diferenciar as funções socioculturais e políticas de um mercado capitalista moderno e de um sistema de produção capitalista integrado e em expansão. Ela suporta, pois, a existência, a continuidade e o crescimento da ordem social competitiva, que se impõe, através dela, como fonte de legitimação, ordenação e regulamentação das relações econômicas, sociais e políticas na sociedade como um todo. Ao mesmo tempo, porém, a base econômica carece de potencialidades que permitam imprimir às mencionadas funções socioculturais e políticas do mercado e do sistema de produção caráter exclusivo e universal. A ordem social competitiva opera, de fato, como uma espécie de *sistema de propensões*, que adquire preponderância prática apenas porque é dotado de vigência legal e exprime (tanto ideológica, quanto utopicamente) os interesses e os valores inerentes às relações econômicas, sociais e políticas, incorporadas positivamente pela própria ordem social competitiva. Em consequência, como e enquanto conexão do capitalismo dependente, a ordem social competitiva só possui plena eficácia de modo parcial (ou seja, para os indivíduos e grupos de indivíduos que se classificam dentro de tal ordem, graças às posições que ocupam nas relações de mercado ou nas relações de produção).

Semelhante descrição interpretativa não é dualista. O capitalismo dependente gera, ao mesmo tempo, o subdesenvolvimento econômico e o subdesenvolvimento social, cultural e político. Em ambos os casos, ele une o arcaico ao moderno e suscita seja a arcaização do moderno, seja a modernização do arcaico. Todavia, seria ilusório pensar que as diferenças de ritmos e estágios históricos expliquem por si mesmas os processos pelos quais se dá tal união e tais transfigurações. No período de transição neocolonial, por exemplo, a modernização baseou-se largamente tanto na segregação quanto na intensificação do arcaico. As relações de trabalho de origem colonial serviram de suporte ao tipo de acumulação originária de capital que iria alimentar a eclosão do mercado capitalista moderno, a inclusão direta do mercado mundial e o esquema de produção-exportação-importação que ambos pressupunham. No período em que a revolução comercial acelera a modernização interna, as relações de trabalho de origem colonial passaram a ser um entrave à expansão interna do mercado, que tinha de afetar necessariamente a mercantilização do trabalho. Então, relações de trabalho pré-capitalistas só se mantêm nas áreas da economia nacional que redefinem sua condição neocolonial a partir de dentro, embora o padrão de acumulação repartida do excedente econômico impusesse, de forma universal, uma forte depressão relativa na remuneração do trabalho (envolve, portanto, a combinação do trabalho assalariado com compensações pré-capitalistas). No período em que se inicia a revolução industrial, essa tendência se acentua e pelo menos as regiões, os setores econômicos e as classes sociais dotados de maior vitalidade ajustam-se a relações de trabalho que normalizam os padrões puramente capitalistas de mercantilização do trabalho. Ficam bolsões variavelmente isolados dessa tendência e regiões, setores econômicos e classes sociais que, por falta de vitalidade, se convertem nos focos internos de dependência e subdesenvolvimento. Como focos dependentes e subdesenvolvidos de uma economia nacional dependente e subdesenvolvida, eles sofrem a partir de dentro o que foi descrito acima como sobre-espoliação e sobreapropriação, através de agentes econômicos internos ou externos. Nas três situações há uma rearticulação do todo, através da qual o que parece arcaico é de fato atualizado, servindo de suporte ao moderno, e pela qual o moderno parece perder esse caráter, revitalizando o seu oposto ou gerando formas socioeconômicas que misturam a acumulação pré-capitalista com a acumulação especificamente capitalista. O que importa, no conjunto, não é a existência do arcaico e do moderno, seu grau de visibilidade e os mundos superpostos que evidenciam. Mas, o modo pelo qual as transformações sucessivas do mercado e do sistema de produção encadeiam a persistência de estruturas socioeconômicas herdadas do passado com a formação de estruturas socioeconômicas novas.

Em um primeiro momento, a ordem social competitiva constitui uma reprodução ligeiramente ampliada dos estamentos privilegiados de origem colonial, aos quais se adicionam os representantes das firmas estrangeiras e os comerciantes nativos, ambos em ascensão. A ordem social competitiva é acima de tudo uma configuração de papéis econômicos, dissociados das posições sociais dos agentes e grupos humanos envolvidos e classificados socialmente por critérios econômicos, sociais e culturais que requeriam a existência e a combinação de estamentos e castas. Graças a tais critérios, o sistema de produção se organiza de acordo com princípios de acumulação econômica pré-capitalista e as funções classificadoras do mercado são neutralizadas (ou compensadas socialmente, nas grandes cidades em que a modernização é mais intensa). Em um segundo momento, a ordem social competitiva reflete diretamente a conciliação das funções classificadoras do mercado com critérios estamentais de avaliação social. Ela desencadeia, mediante a mercantilização progressiva mas irreversível do trabalho, uma autêntica revolução social. Essa revolução, todavia, vai ter seus efeitos retardados. Enquanto se desenrola esse segundo momento, o aristocrata se aburguesa e o burguês se aristocratiza: dois processos convergentes que ajudam a dissimular a realidade e a ocultar o que era a *burguesia nascente* (uma plutocracia, fundada no "poder do dinheiro" e na associação direta com os emissários e representantes estrangeiros dos interesses externos). As funções classificadoras do mercado ainda não "nobilitam" o trabalho. Contudo, os dinamismos puramente comerciais e financeiros do mercado impregnam a vigência legal da ordem social competitiva de uma eficácia prática, que transcende às relações puramente econômicas. A "racionalidade do sistema" já se delineia como um processo histórico-social, redefinindo o significado da propriedade privada e a importância da competição (inicialmente entre "iguais"), como fatores de organização da "vida social civilizada" e do "progresso". Em um terceiro momento, a ordem social competitiva assume um caráter inclusivo, passando a revelar as funções estratificadoras das relações impostas pelo sistema capitalista de produção. Todos os que passam pelo mercado se classificam positivamente "dentro da ordem"; os que não passam pelo mercado, classificam-se negativamente, marginalizando-se como "condenados do sistema" (ou suas vítimas necessárias). As relações de trabalho assalariado convertem a proletarização em fator de classificação social, iniciando-se por aí, concomitantemente (ainda que com tempos distintos e ritmos históricos diferentes), a revolução urbana e a crise da agricultura. O *homem da plebe* torna-se "gente" e compete com os demais, em diferentes níveis de afirmação de si mesmo e de redefinição do conceito de "Povo". Enquanto, de um lado, os setores dominantes das classes alta e média, em processo de consolidação socioeconômica e política, aceitam o "caráter aberto do sistema" no nível das elites, as classes baixas e os despossuídos, de outro, procuram intensificar a participação econômica, social e cultural, e tentam imprimir-lhe uma significação política. Por falta de universalidade e de flexibilidade, os diferentes polos da ordem social competitiva entram em conflito, antes mesmo de completar-se sua evolução. A "lógica do sistema" falha prematuramente, porque não há como conciliar as "forças de preservação da ordem" (que no fundo querem restringir ou anular as funções construtivas da competição, como processo histórico-social) com as "forças de revolução dentro da ordem" (que pretendem fazer valer as garantias de equidade, estabelecidas institucionalmente).

Verifica-se, através dos três momentos, que o capitalismo dependente não tem condições para gerar uma ordem social competitiva estável e dinâmica. O subdesenvolvimento econômico não só envolve a perpetuação de estruturas econômicas mais ou menos arcaicas. Promove a modernização limitada ou segmentada em todos os níveis da organização da economia, da sociedade e da cultura, ou seja, o subdesenvolvimento paralelo em todas as esferas da vida. Por fim, a própria ordem que lhe é inerente não consegue impor-se como um fator de equilíbrio dinâmico e de transformação intensiva. O subdesenvolvimento social, cultural e político agrava as incongruências e as tensões do subdesenvolvimento econômico. Não há como se defender uma ordem social que não atinge nunca os níveis de eficácia, que se definem institucionalmente segundo padrões permanentemente inatingíveis. A viabilidade da ordem social competitiva dependeria, nesse plano, da negação do subdesenvolvimento econômico, sociocultural e político. Todavia, a sociedade de classes, sob o capitalismo dependente, não se organiza para dar viabilidade aos requisitos ideais de sua ordem social. Mas, ao contrário, para fazer com que eles sejam atendidos nos limites da racionalidade do próprio capitalismo dependente (isto é, de modo que privilegie e maximize a acumulação dual e repartida do excedente econômico nacional). O único elemento verdadeiramente profundo da descrição interpretativa apresentada não está no confronto de sucessivas rearticulações entre o "arcaico" e o "moderno", mas em um tipo específico de *modernidade*, que só se poderia afirmar pela destruição do próprio capitalismo dependente e da sociedade de classes que ele engendra.

Nesse plano, a análise do perfil histórico da sociedade de classes na América Latina levanta questões que só podem ser esclarecidas através da consideração da estrutura e dos dinamismos dessa formação societária. A modernidade, quanto ao modelo "clássico" ou "normal" de capitalismo, conduzia à revolução burguesa "conquistadora", portanto, à ruptura contra o *antigo* regime e à construção da ordem social competitiva (em sua primeira versão histórica, a europeia; pois a segunda surgiria mais tarde, no contexto da revolução urbano-industrial nos Estados Unidos). Na situação específica da América Latina, a modernidade, como equivalente a esses dois processos simultâneos de revolução contra a ordem existente e de revolução dentro da ordem que se torna vitoriosa, não se colocaria na ruptura contra o antigo sistema colonial e a superação posterior no neocolonialismo (pois ambos os processos desembocam na emergência e posterior consolidação do capitalismo dependente). Pode-se dizer que as emancipações nacionais criaram uma época da modernidade, mas se trata de uma modernidade de segunda grandeza, que restabelece o jugo externo de uma forma mais complexa, sutil e avassaladora. A modernidade com um duplo sentido revolucionário só iria aparecer no contexto histórico produzido pela Segunda Guerra Mundial e seus desdobramentos. Esse foi um período de crise, de descoberta do que o capitalismo dependente reserva aos povos latino-americanos e de cruel desilusão: às euforias das "vias próprias" de superação do subdesenvolvimento, sucede-se a certeza de que a lógica do capitalismo dependente é inflexível. Nesse contexto histórico, surgem as duas respostas imediatas às exigências históricas. Uma, alimentada pela intenção de destruir, simultaneamente, a dependência e o capitalismo; outra, condicionada pela aspiração de refundir a dependência, agora formulada, pela superpotência hegemônica, como uma forma de "interdependência" e uma "nova fronteira histórica" na conquista da liberdade. A primeira resposta associa-se à revolução socialista em Cuba e mostra que a destruição da dependência pode envolver um tempo histórico novo, com a mobilização do Povo para a construção de uma "sociedade sem classes" (isto é, uma sociedade na qual a estratificação se processa sem referência às funções classificadoras do mercado e à expropriação capitalista). A segunda resposta completa um processo que se iniciara há mais de duas décadas, com a expansão gradual da grande corporação no mundo de negócios da América Latina, mas que só atingiu seu apogeu quando a liderança da revolução industrial se transfere das burguesias nacionais latino-americanas para a iniciativa privada internacional. Uma sociedade de classes que entra em colapso antes de atingir sua maturidade não deixaria de levantar desafios, fora dos círculos burgueses tradicionais. Assim, ao socialismo se somam fortes tendências de revolução dentro da ordem, que buscam manter o capitalismo sem a dependência. Doutro lado, as "novas fronteiras" não escondem mais o que significa a "liberdade", inerente ao capitalismo dependente: a persistência da satelitização numa era em que ela requer, para manter-se e alastrar-se, o *endurecimento político* e por vezes a militarização do Estado, com a transformação do presidencialismo autoritário e das ditaduras tradicionais em formas dissimuladas de fascismo ou parafascismo. A América Latina encontra sua modernidade – o que alguns interpretam como o "momento decisivo da história" – mas sob convulsões econômicas, sociais e políticas pertubadoras.

Tanto a estrutura, quanto os dinamismos da sociedade de classes, nos diferentes países da América Latina, relacionam-se com essa modernidade, mas como fatores de rigidez e como condições negativas. Aqui, é preciso abandonar dogmatismos estéreis. A questão não está no padrão e nas potencialidades da ordem social competitiva, considerada em si mesma (à luz da evolução do capitalismo na Europa e, especialmente, nos Estados Unidos). Essa ordem social pode tornar-se mais flexível, se o capitalismo se transforma e revoluciona os padrões de vida das classes "baixas" e as aspirações sociais das classes "médias" (o que não implica que a revolução contra a ordem esteja, por isso, excluída, já que os conflitos "tradicionais" de classe deixam de aparecer e em seu lugar surgem outros tipos de tensão, politicamente mais perigosos para a continuidade do *status quo*). No entanto, semelhante flexibilidade é impossível, onde a estabilidade da ordem social competitiva depende de mecanismos que fomentam e intensificam a superconcentração da renda, do prestígio social e do poder, redefinindo os privilégios e as iniquidades sociais, em vez de atenuá-los e diluí-los.

Daí resulta uma situação paradoxal. À medida que as condições favorecem a expansão do capitalismo dependente, o "progresso" (econômico, cultural ou político) não elimina distinções e barreiras sociais aberrantes, consolida-as ou as renova sob novas aparências. A sociedade de classes diferencia-se estruturalmente de modo crescente e a essa diferenciação contínua corresponde a absorção de novos dinamismos econômicos, socioculturais e políticos (o que suscita a ilusão de que a realidade histórica e estrutural está se transformando substancialmente, diminuindo as brechas existentes entre as sociedades de classes latino-americanas e as europeias ou a norte-americana). Não obstante, a diferenciação estrutural e a emergência de novos dinamismos sociais de classe alteram a ordem social competitiva, em sua morfologia e em seu funcionamento, sem aumentar proporcionalmente sua eficácia e sem imprimir-lhe as potencialidades econômicas, socioculturais e políticas, que seriam necessárias para que a sociedade de classes se convertesse em fator de revolucionamento da economia existente e de superação do capitalismo dependente.

No plano estrutural e morfológico, seria inadequado descrever as sociedades nacionais latino-americanas (mesmo as menos desenvolvidas) como "sociedades tradicionais" ou sociedades nas quais prevalecem critérios tradicionais de distribuição de posições e papéis sociais (embora todas contem com diferentes tipos de "sociedades tradicionais", em diferentes graus de absorção ou de isolamento, com referência às *estruturas nacionais* da ordem social competitiva predominante). Mesmo enquanto prevaleceu a ordem social estamental (por vezes também uma ordem de estamentos e de castas), as sociedades latino-americanas não foram "sociedades de estrutura social bifurcada". Poder-se-ia, através de simplificações interpretativas, descrever tanto a ordem social estamental, em seu apogeu, quanto a ordem social competitiva, na atualidade, como ordens bipolares. A simplificação teria como consequência, no entanto, uma visão deturpada da realidade. O que se pretende explicar, por meio da simplificação, é a exacerbação das desigualdades extremas e a "falta de dinamismo" do sistema societário. Ora, esses efeitos não são produtos de "estruturas simplesmente bifurcadas", que não teriam potencialidades para reorganizar e reforçar a constante concentração de renda, do prestígio social e do poder. A reorganização e o reforço constante da concentração da renda, do prestígio social e do poder se tornaram possíveis porque as estruturas sociais não eram bipolares, e sim multipolares, e se transformaram preservando a mesma orientação e o mesmo sentido, com referência às diferenças de níveis e às barreiras sociais nas relações de estratos sociais desiguais. Por isso, a diferenciação estrutural chegou a atingir certas proporções e intensidade, sem que as disparidades econômicas, socioculturais e políticas sofressem alterações relativas de monta.

Pode-se falar em proporções, porque há um *elemento de quantidade*. A emergência e a consolidação da ordem social competitiva acarretaram tanto a reordenação estrutural dos estratos sociais polares (o número de estratos aumentou, especialmente nos polos extremos, "baixo" e "alto"; e, por efeitos estáticos, na recomposição do polo "intermediário") quanto mudanças quantitativas na composição de cada estrato polar e nos padrões estruturais de mobilidade (dentro de um mesmo polo ou na direção dos polos de "cima" e de "baixo"). Pode-se falar em intensidade, porque a diferenciação social vem-se dando num crescendo nos últimos cem anos (embora só nas últimas quatro décadas a composição e as ramificações dos polos "alto" e "intermediário" tenham mostrado alterações relevantes). Como sucedeu na Europa e nos Estados Unidos, a diferenciação estrutural aumentou o grau de universalidade e de eficácia da ordem social competitiva. Ela produziu o aburguesamento não só dos estratos polares "alto" e "intermediário", mas em alguma medida também do estrato polar "baixo" (a referência ao grau de aburguesamento, no caso, deve ser procurada na comparação dos trabalhadores assalariados com a massa marginal e com os excluídos da ordem social competitiva). Da mesma maneira, o aburguesamento foi mais forte e completo nas classes que se realizaram "através do sistema" (isto é, os estratos polares "alto" e "intermediário"). Contudo, ele não foi tão fraco quanto se supõe nas classes que se constituíram mediante a mercantilização do trabalho (isto é, o estrato polar "baixo"). Ao se classificarem dentro da ordem social competitiva, essas classes não só absorveram a parte que puderam concretizar da "condição burguesa", como se viram estruturalmente condicionadas a aumentar sua participação econômica, sociocultural e política na direção do "estilo de vida burguês" e da "concepção burguesa do mundo".

  Esse processo histórico-social global tem sido descrito, em termos sociológicos, através de subprocessos ou de efeitos derivados (como a "democratização da renda", a "secularização da cultura", a "urbanização", a "industrialização" etc.). Não obstante, os processos secundários e os efeitos derivados não explicam, por si mesmos, as tendências estruturais estáticas visíveis na formação e no desenvolvimento da ordem social competitiva nos países da América Latina. Para se explicar tais tendências, é necessário examinar-se o próprio processo de estratificação em classes, no contexto em que ele se desenrola sob o capitalismo dependente. Interesses, situação, consciência e solidariedade de classe requerem uma base estrutural (a qual pode ser "mínima" ou "máxima" e "fraca" ou "forte"). Nas condições latino-americanas, o capitalismo dependente condicionou a formação e o desenvolvimento da formação da ordem social competitiva em termos de "mínimos estruturais" e de uma "forma fraca". Isso não significa que a "condição burguesa" fosse degradada ou deprimida (de modo geral ou só nas classes dependentes ou heteronômicas, pertencentes aos estratos polares "intermediário" e "baixo"). Porém, que o capitalismo dependente molda a sua própria ordem social competitiva, na qual a "condição burguesa" reflete os limites dentro dos quais esse tipo de capitalismo imprime universalidade e eficácia às condições estruturais mínimas e à forma residual do "modo de ser burguês".

Vendo-se as coisas desse ângulo, fica claro que a sociedade de classes, na América Latina, é uma sociedade pluriestruturada (como na Europa e nos Estados Unidos). O que ela tem de peculiar não resulta do padrão de diferenciação estrutural, necessariamente multipolar, mas das probabilidades de objetivação, que encontra sob o capitalismo dependente. O grau dentro do qual se torna possível universalizar e dar eficácia às funções classificadoras do mercado e às funções estratificadoras do sistema de produção afeta a "condição burguesa" em todos os níveis da sociedade global (ou seja, nos três polos da estratificação societária). As "classes privilegiadas" (isto é, as classes "altas" e "médias") sofrem limitações estruturais geradas diretamente pelo padrão dual de acumulação originária de capital e pela consequente modalidade de apropriação repartida do excedente econômico nacional. Apesar de sua situação privilegiada, essas classes se afirmam socialmente através de "condições burguesas" nas quais perdem, variavelmente, poder de decisão, papéis socioeconômicos ou políticos e até posições econômicas estratégicas (com os *status* e os papéis sociais correspondentes). Como as funções classificadoras do mercado e as funções estratificadoras do sistema de produção não são nem universais nem plenamente eficazes, a extensão dentro da qual determinados agentes ou grupos de agentes de tais classes participam da "condição burguesa" depende do grau dentro do qual as atividades que exercem estejam realmente determinadas pelas relações de mercado ou de produção (ou seja, do grau dentro do qual elas estejam efetivamente incorporadas à ordem vigente). Assim, muitos agentes e grupos de agentes das "classes privilegiadas" ostentam e se afirmam por meio de uma "condição burguesa" que é marginal ou segmentária. Como as funções classificadoras do mercado e as funções estratificadoras do sistema de produção amortecem, solapam ou neutralizam as condições dentro das quais eles poderiam operar, através de mecanismos típicos de classe, tais agentes recorrem, em graus variáveis, a formas estamentais de defesa do prestígio social ou de solidariedade, com o fito de reforçar sua posição de classe e se impor como classe. No outro limite, mesmo os grupos de agentes, que logram realizar-se plenamente como e enquanto classe, podem ver-se frustrados em seus interesses de classe e até em sua capacidade de atuar como classe (nos níveis da empresa e da sociedade global), por causa da dependência em relação às economias centrais. Por essa razão, são forçados a usar formas estamentais de autoproteção, de cooperação e de solidariedade, na defesa de interesses de classe e de formas de solidariedade de classes típicos. O privilegiamento social das classes "altas" e "médias", como e enquanto classes, repousa, portanto, em processos que ficam, largamente, fora e acima das funções classificadoras do mercado e das funções estratificadoras do sistema de produção (vale dizer, da ordem social competitiva propriamente dita). A base estrutural com que contam, para se afirmar como classe em si e para si, é tão fraca, que não podem despojar a ordem social competitiva de arranjos variavelmente pré ou extracapitalistas. Doutro lado, essa base estrutural revela-se demasiado acanhada em face das tensões estruturais, produzidas através das relações com as classes assalariadas ou despossuídas. Qualquer ameaça à estabilidade da ordem adquire a feição de uma catástrofe iminente e provoca estados de extrema rigidez estrutural (uma situação na qual o "medo ou temor de classe" surge como o equivalente histórico do "medo ou temor étnico").

Fenômeno paralelo, embora com outras proporções e com outras consequências, ocorre no polo oposto. As classes "baixas", que normalmente teriam de definir e defender a "condição burguesa" em termos de negação da desigualdade de classe, são extensa e profundamente afetadas pelas limitações que o capitalismo dependente introduz nas potencialidades de mercantilização do trabalho. No que se refere aos grupos de agentes incluídos nessas classes, as funções classificadoras do mercado e as funções estratificadoras do sistema de produção só começam a ter vigência e alguma eficácia para os que logram acesso ao "trabalho livre", parcial ou totalmente assalariado. Por isso, as classes "baixas" se defrontam com limitações estruturais à universalização da condição operária, através da proletarização, enquanto esta se converte, por sua vez, em processo específico de mobilidade social vertical e de classificação social. Ao contrário das "classes privilegiadas", os agentes e grupos de agentes que pertencem às classes "baixas" não podem ampliar ou reforçar posições, *status* e papéis sociais marginais ou segmentários, em relação à ordem social competitiva, recorrendo a formas estamentais de autodefesa e de solidariedade. As alternativas à classificação (relação estrutural positiva com a ordem existente) são a marginalização e a exclusão (relações estruturais parcial ou totalmente negativas com a ordem existente). Doutro lado, ao engendrar a sobreapropriação, o capitalismo dependente cria condições estruturais que restringem diretamente a participação econômica e, indiretamente, a participação sociocultural e política dos trabalhadores assalariados. As pressões contra a desigualdade econômica, sociocultural e política, coordenadas e reguladas de baixo para cima, sofrem um amortecimento de natureza estrutural. Nesse sentido, a classificação pelo trabalho assalariado possui pequeno valor estrutural como fonte de realização da "condição burguesa". O trabalho assalariado apenas estabelece as condições para a reprodução social do trabalhador e da própria sobreapropriação capitalista. O que ele fortalece e permite renovar, portanto, são vínculos muito gerais com a "condição burguesa" e com a ordem social competitiva, através dos quais os trabalhadores assalariados realizam negativamente o seu destino como classe (como meio e instrumento de realização das "classes privilegiadas").

De acordo com o escorço feito anteriormente, a configuração estrutural da sociedade de classes, sob o capitalismo dependente, apresenta duas variações típicas. Uma delas liga-se diretamente ao padrão dual de acumulação originária de capital e ao modelo da sobreapropriação que ele envolve. Os estratos sociais privilegiados contam com condições estruturais para resguardar e fortalecer seus interesses, posições e formas de solidariedade de classe, transferindo para as classes "baixas" (e em parte também para as classes "médias") os custos diretos ou indiretos do privilegiamento de seus interesses, posições e formas de solidariedade de classe. Em consequência, a depressão estrutural decorrente da apropriação externa permanente de parte substancial do excedente econômico nacional não se reflete nas posições, *status* e papéis que os estratos sociais privilegiados conseguem mobilizar internamente, através da ordem social competitiva. Com referência a eles, a base estrutural da ordem social competitiva é suficientemente diferenciada, desenvolvida e consistente para comportar mecanismos de organização do poder inerentes às relações de classe, embora à custa da revitalização de relações econômicas, de controles sociais e formas de dominação variavelmente anacrônicas. A outra variação típica diz respeito aos efeitos indiretos das conexões que se objetivam estruturalmente entre dependência e subdesenvolvimento. Todas as classes são afetadas em suas probalidades de atuação social como classe, em virtude de tais efeitos, que atrofiam e solapam a base estrutural de todo o sistema societário. Não obstante, dadas as possibilidades de autodefesa das classes privilegiadas, o ônus dos mencionados efeitos é suportado pelas classes "baixas", em particular pelos trabalhadores assalariados e pelas camadas despossuídas (embora as classes "médias" também sofram, pela mesma razão, um debilitamento social crônico). Graças a este segundo circuito, a ordem social competitiva se estrutura, sob o capitalismo dependente, em função de padrões de extrema desigualdade econômica, sociocultural e política, aparentemente inconciliáveis com a organização em classes e com o próprio capitalismo. Contudo, são tais padrões de desigualdade estrutural que asseguram não só a existência e a continuidade, mas também o crescimento e o desenvolvimento da ordem social competitiva, que é possível sob o capitalismo dependente. As duas variações apontadas são apenas aspectos distintos da mesma realidade, evidenciando *onde* e *por que* tal ordem social é "desenvolvida" ou "subdesenvolvida". Ambas suscitam a mesma conclusão geral. A configuração estrutural da sociedade de classes dependente e subdesenvolvida subordina a estabilidade e a transformação da ordem existente à expansão do capitalismo em condições de heteronomia permanente. Mantidas as condições estruturais vigentes, ela gera: o seu estilo de "condição burguesa"; o seu próprio ritmo de "revolução dentro da ordem" (através do qual a dependência e o subdesenvolvimento são constantemente redefinidos em níveis mais complexos); e a impossibilidade histórica da "revolução contra a ordem" (na forma de destruição e superação da dependência e do subdesenvolvimento através do capitalismo) como iniciativa política burguesa.

Como sucede com o estrutural e morfológico, no plano dos dinamismos (de funcionamento, crescimento e desenvolvimento), também seria inadequado aplicar às sociedades nacionais latino-americanas o modelo das "sociedades tradicionais". Mesmo o regime estamental (por vezes estamental e de castas), em suas origens (sob o antigo sistema colonial) e quando atinge o seu apogeu (no período de transição neocolonial, no qual os estamentos privilegiados lograram integrar-se horizontalmente – o que era impossível enquanto perdurou o Estado colonial – e desdobrar sua dominação do plano doméstico e local para o plano *nacional*, monopolizando o poder econômico, social e político mediante a combinação da dominação patrimonialista e da dominação burocrático-estatal), já não era, especificamente, um regime societário "tradicionalista". A dominação patrimonialista desempenhava nele funções nucleares. E foi graças a ela que os estamentos senhoriais conseguiram preencher, de modo rápido, o vazio político-administrativo deixado pelo desaparecimento do Estado colonial, estabelecer o privilegiamento de sua posição social, durante a reorganização das estruturas de poder, e monopolizar o poder estatal (por meio do qual se tornou possível a integração horizontal dos estamentos senhoriais, convertidos então em "estamentos dominantes" ou, como ficaram conhecidos, em *oligarquias tradicionais*). Os componentes dinâmicos puramente tradicionais possuíam enorme importância estrutural-funcional e histórica, mas como parte de uma formação societária na qual a estratificação étnico-racial e, paralelamente, socioeconômica limitava suas funções construtivas, impunha outros elementos estrutural-funcionais de natureza "moderna" ou "racional", e cuja evolução tendia a reduzir progressivamente o seu valor, como fator de integração e de transformação da ordem social. Com a eclosão e a consolidação de um mercado capitalista moderno, a gradual expansão de um sistema de produção capitalista e a formação de uma nova ordem econômica, social e política fundada na existência e no predomínio das relações de classe, acentuou-se a perda de importância relativa dos componentes dinâmicos tradicionais. Eles só não foram confinados a certas relações de caráter muito geral (no comportamento econômico, familial, religioso, político etc.), destituídas de significação histórica, porque a descolonização não se processou segundo ritmos históricos intensos e de forma completa. À medida que a própria ordem social competitiva retinha e dinamizava certas estruturas e funções de natureza tradicional, a dominação tradicionalista (não só no nível das elites, mas com significado histórico somente nele) continuava a preencher influências dinâmicas em ações e relações orientadas estamentalmente, bem como em ações e relações de classe (embora como mero elemento estrutural e dinâmico de reforço, persistente por anacronismo). No conjunto, todavia, essa situação não justifica o emprego do conceito de *sociedade tradicional* para designar dinamismos que conformam ou modificam o padrão de integração da ordem social global com referência às sociedades nacionais latino-americanas.

Se se toma a sociedade de classes latino-americana tal como ela se configura no presente é evidente que os dinamismos nucleares e determinantes procedem das relações que são, ao mesmo tempo, as mais adiantadas e ativas do regime de classes. Há, por conseguinte, uma aparência de extensa e intensa modernização, a qual é simultaneamente provocada por estímulos que "vêm de fora para dentro" e que "nascem do crescimento capitalista interno". Nesse sentido, as funções classificadoras do mercado e as funções estratificadoras do sistema de produção tendem a ampliar, consolidar e depurar não só as relações de classe e as próprias classes, como formações societárias, mas o *sistema de classes* como um todo. Penetrando-se além dessa superfície, descobre-se que os dinamismos da sociedade de classes produzem sua modernização constante e crescente, porém na direção de adaptá-la, cada vez com maior eficácia, aos requisitos de funcionamento, crescimento e desenvolvimento do capitalismo dependente. Eles articulam a configuração e as potencialidades de transformação da ordem social competitiva aos dois polos econômicos mencionados anteriormente, fazendo com que a sociedade de classes latino-americana se organize socialmente para promover a estabilidade e a mudança sociais "dentro da ordem", isto é, em condições dinâmicas que favoreçam e tornam necessária a conjugação de processos de estabilidade e mudanças sociais internos a processos de estabilidade e mudança sociais externos. Portanto, seria falso supor que tal modelo de sociedade de classes "careça de dinamismos". O seu problema não é esse: consiste na natureza e na orientação dos dinamismos. Poder-se-ia afirmar que os esforços realizados na América Latina, com o fito de "manter" e "aperfeiçoar" a ordem social competitiva, são equivalentes (ou ainda maiores) que os esforços que foram feitos na Europa ou nos Estados Unidos com os mesmos fins. Todavia, como as condições estruturais e dinâmicas não se organizam para promover o funcionamento, o crescimento e o desenvolvimento autônomo da economia, da sociedade e da cultura, mas o seu funcionamento, crescimento e desenvolvimento dependente, os resultados de tais esforços convergem sempre para o mesmo ponto: a conjunção das influências internas e externas de estabilidade e de mudança sociais, o que converte a modernização dependente no processo real de absorção dos dinamismos mais gerais da evolução interna, que se efetivam através da civilização recebida de fora.

Por isso, é no plano dinâmico – o funcionamento, crescimento e desenvolvimento da sociedade de classes sob o capitalismo dependente – que se revelam a natureza e o alcance do círculo vicioso com que se defrontam os países da América Latina. Da fase de transição neocolonial às duas épocas que correspondem aos padrões assumidos na região pela revolução comercial e pela revolução industrial, ocorreram transformações inquestionavelmente extensas e profundas na organização da economia, da sociedade e da cultura. Em termos de periodização sociológica, estamos diante de três padrões distintos de desenvolvimento econômico, social e cultural, cada um comportando, por sua vez, os padrões correspondentes de funcionamento e de crescimento da economia, da sociedade e da cultura. O que interessa, nessa evolução, é que o dimensionamento da expansão interna do capitalismo não foi determinado, exclusiva ou predominantemente, nem *a partir de fora* (o que implicaria um padrão de desenvolvimento colonial), nem *a partir de dentro* (o que implicaria um padrão de desenvolvimento autônomo, autossustentado e autopropelido), mas por uma combinação de influências internas e externas, que calibrou (e está calibrando) os dinamismos da sociedade de classes em função dos requisitos de padrões dependentes de desenvolvimento capitalista. A esse círculo vicioso seguem-se três realidades, que nunca desaparecem, embora se alterem de uma fase ou época para outra. Primeiro, a constante redefinição, sob condições permanentes de fortalecimento e de intensificação, da dominação externa. A evolução do capitalismo não conduz, nessas condições, da dependência à autonomização, mas ao crescente aperfeiçoamento das técnicas de desenvolvimento induzido, de controle à distância e de exploração indireta. Segundo, a existência de grupos privilegiados internos em condições de "manter o controle da situação" e, portanto, de ampliar constantemente seus privilégios econômicos, socioculturais e políticos, através de padrões dependentes de desenvolvimento. A evolução do capitalismo não conduz, nessas condições, da dependência à autonomização, mas ao crescente aperfeiçoamento das técnicas de desenvolvimento por associação dependente, de controle autoritário ou totalitário do poder e de exploração cruel da massa de trabalhadores e de despossuídos. Terceiro, a redefinição e a intensificação constantes da acumulação dual de capital e da apropriação repartida do excedente econômico nacional, com o despojamento permanente dos agentes de trabalho, assalariados ou não. A evolução do capitalismo não conduz, nessas condições, da dependência à autonomização, mas à consolidação e ao crescente aperfeiçoamento de uma ordem social competitiva capaz de ajustar o desenvolvimento capitalista e formas ultraespoliativas de dominação econômica (interna e externa) e de exploração do trabalho.

Como teria de suceder, o que ocorre no plano estrutural repete-se no plano dinâmico. No entanto, essa repetição acarreta não só a persistência, mas também a constante renovação ou transformação das condições do capitalismo dependente e da sua sociedade de classes. É necessário que se entenda bem o que está em jogo: existem grupos de homens, muito poderosos, empenhados na consecução desse processo. Sem dúvida, os "fatos de estrutura" se completam, aqui, pelos "fatos de funcionamento, de crescimento e de evolução". O encadeamento que se estabelece, porém, não é "natural" nem "automático". Ele se efetiva, em diferentes níveis da organização da economia, da sociedade e da cultura, porque esses grupos de homens conseguem, a "partir de fora" e a "partir de dentro", preservar, fortalecer e transformar o capitalismo dependente, com sua cadeia de iniquidades econômicas, socioculturais e políticas, mas também com suas desmesuradas e atraentes compensações (pelo menos para eles). É da essência dos "fatos dinâmicos" que eles sejam mais flexíveis que os "fatos de estrutura". Através deles, as estruturas não só se movimentam. Elas se adaptam ao presente e ao futuro (isto é, se atualizam, em sentido geral, e se historicizam, em sentido particular). Se certos condicionamentos estruturais se repetem no plano dinâmico, isso significa que as mesmas forças sociais, empenhadas na "conservação da ordem", também controlam os processos de funcionamento, que implicam mudança social gradual, e os processos de inovação, diferenciação e estratificação, que implicam mudança social evolutiva. Ou elas não enfrentam outras forças sociais, de sentido contrário, capazes de anulá-las; ou essas forças são muito fracas. A consequência é sempre a mesma. Independentemente do grau de agitação e de tumulto que possa haver nos aspectos mais externos e visíveis do que aparece ser "histórico", as transformações estruturais ou são pequenas e irrelevantes, ou são extensas e profundas mas inócuas, já que não alteram significativamente a relação entre os "interesses intocáveis" e as "iniquidades exorbitantes".

É muito difícil isolar dinamismos econômicos, sociais e culturais em análises de tipo macro; ainda mais difícil, é lidar com os efeitos dos dinamismos abstraídos, considerados isoladamente ou em interação. Além do mais, há um paradoxo na situação latino-americana. O aparecimento e a consolidação das classes (e do próprio regime de classes) intensificam as distâncias e as barreiras sociais, em vez de atenuá-las ou de criar um "campo neutro" comum, de atitudes e comportamentos mais ou menos homogêneos (quanto a hábitos, aspectos do padrão de vida e mesmo orientações de valor, que podem ser universalizados e estandardizados, dados certos mínimos de participação econômica, sociocultural e política). Muitos preferem encarar o fenômeno de uma perspectiva puramente estrutural, explicando-o como se a "velocidade" das transições, combinada aos efeitos estáticos da demora cultural, pudesse esclarecer tão complexa realidade. No entanto, a sociedade de classes que é possível sob o capitalismo dependente possui seus próprios dinamismos econômicos, sociais e culturais e seria produtivo tentar apanhá-los no que eles têm de específico. Ao que parece, os padrões de acumulação originária de capital e de mercantilização do trabalho, inerentes ao capitalismo dependente, desvendam como se originam e operam tais dinamismos. Doutro lado, também parece que o subdesenvolvimento concorre para dar continuidade e fortalecer esses dinamismos, ao deprimir (ou escamotear) as contradições existentes entre a expansão das forças produtivas e as formas de organização da produção capitalista.

O padrão dual de acumulação originária de capital, com o correspondente modelo de apropriação repartida do excedente econômico nacional, engendra dinamismos socioeconômicos, culturais e políticos que são convergentes e interdependentes, mas intrinsecamente contraditórios. Os grupos que conseguem privilegiar sua posição econômica, social e política "a partir de fora" ou "a partir de dentro"* possuem interesses e motivações similares quanto ao desenvolvimento por associação dependente e por incorporação às formas de estabilidade econômica, sociocultural e política decorrentes e às modalidades de transição que elas exijam. No entanto, os interesses e as motivações, relacionados com a expansão do mercado interno, a integração da economia em escala nacional e a diferenciação ou o fortalecimento do sistema de produção "voltado para dentro", constituem focos de divergência relativa. Em termos típico-ideais, a coincidência de interesses e motivações, entre os polos econômicos "interno" e "externo", só é possível quando o grau de incorporação é suficientemente elevado e extenso para permitir a associação dependente também no "crescimento voltado para dentro". Por isso, no plano dinâmico ocorrem polarizações de interesses e de motivações, que

---

* É preciso notar que a posição no espaço econômico, sociocultural e político, em seus diferentes limites, é irrelevante para qualificar esses grupos (que podem representar-se ou ser, igualmente, "externos" ou "internos"). O conhecimento de senso comum estabelece uma correlação positiva entre os dois pares de posições e interesses, respectivamente. Sob o capitalismo monopolista, essa correlação torna-se duvidosa, mesmo relativamente.

suscitam alvos distintos (em certas situações limites, em tensão e conflito relativos). A ilusão de que a incorporação possa ser *superável* através dos padrões dependentes de crescimento e de desenvolvimento provoca "falsas opções", que só são corrigidas quando os dinamismos externos se tornam bastante fortes para impor reajustamentos de conjuntura ou transições estruturais, ambos de molde que restabeleça o equilíbrio da política (formulada ou não) de crescimento e de desenvolvimento. As razões que conferem uma vantagem relativa aos interesses e às motivações externos relacionam-se com as insuficiências e as debilidades, ao mesmo tempo estruturais e dinâmicas, dos padrões dependentes de crescimento e de desenvolvimento. Sob sua vigência, em nenhum momento os setores privilegiados "internos" logram uma base econômica, sociocultural e política para manter ou elevar autonomamente os níveis atingidos de "emprego ótimo dos fatores", combatendo ou desfazendo a associação dependente. O "dilema da dependência", do ponto de vista desses setores, aparece especialmente quando eles tentam explorar ritmos mais intensos de crescimento de conjuntura ou procuram implantar novos modelos de desenvolvimento. Então, a lógica do capitalismo dependente fica bastante clara, a ponto de levar os referidos setores a defender "fórmulas desenvolvimentistas" que permitem atingir aqueles fins mediante rearticulações mais ou menos rápidas com os centros de decisão, localizados nas sociedades hegemônicas.

Daí decorrem duas consequências. Primeiro, os dinamismos da ordem social competitiva, em uma sociedade de classes dependente e subdesenvolvida, em qualquer das fases de sua formação e evolução, são dinamismos que reproduzem o crescimento e o desenvolvimento por associação dependente e por incorporação. Por isso, embora os fatores internos sejam essenciais para qualquer processo de crescimento e de desenvolvimento, pois deles dependem a eficácia e o progresso dos dinamismos externos, são os dinamismos externos que "decidem" as transformações decisivas (especialmente quando está em jogo a manutenção de um "nível ótimo" de crescimento interno ou a realização de transições que requerem modelos mais complexos de desenvolvimento associado e dependente). A segunda consequência diz respeito à permanente "desnacionalização" do crescimento e do desenvolvimento. Por sua natureza, o crescimento e o desenvolvimento por associação dependente e incorporação impõem um limite à integração nacional da economia, da sociedade e da cultura. Em particular, eles não conduzem (nem poderiam conduzir) à autonomização progressiva ou súbita do crescimento e do desenvolvimento, suscetíveis de anular os vínculos de dependência e os dinamismos de crescimento e de desenvolvimento por incorporação ao espaço econômico, sociocultural e político externo.

Os dinamismos de crescimento e de desenvolvimento descritos geram processos socioeconômicos, culturais e políticos que podem ser apreciados dentro de duas perspectivas diversas. De um lado, em termos negativos, o que "eles não podem produzir": não conseguem gerar a base dinâmica necessária à plena expansão da ordem social competitiva. À medida que o crescimento e o desenvolvimento autônomo, autossustentado e autopropelido se tornam impraticáveis, as impulsões externas e internas da modernização dependente têm de ser parciais e incompletas. Isso significa que uma parte da ordem social competitiva – a que abrange os agentes humanos externos e internos privilegiados – encontra condições para funcionar, crescer e desenvolver-se segundo critérios de classificação e de estratificação impostos pelo mercado capitalista e pelo sistema de produção capitalista. Os demais setores ficam parcial ou totalmente barrados das posições, *status* e papéis – com as probabilidades correspondentes de atuação de classe – típicos da ordem social competitiva. Os mesmos efeitos dinâmicos do padrão dependente de modernização acarretam a necessidade da persistência e da revitalização de dinamismos que não são especificamente "modernos", embora sejam essenciais, em graus variáveis, à eficácia dos fins visados através da modernização dependente. Isso quer dizer que a modernização processa-se de forma segmentada e segundo ritmos que requerem a fusão do "moderno" com o "antigo" ou, então, do "moderno" com o "arcaico", operando-se o que se poderia descrever como a "modernização do arcaico" e a simultânea "arcaização do moderno". A ordem social competitiva, nas condições de existência da sociedade de classes dependente e subdesenvolvida, não pode regular o fluxo da modernização (quanto à sua intensidade e homogeneidade ou quanto aos limites societários da propagação universal de seus efeitos sociais construtivos). De outro lado, em termos positivos, o que os dinamismos em questão "podem realizar": eles dão o máximo de eficácia ao padrão dependente de modernização. Fazem, pois, que a *aceleração* do crescimento e do desenvolvimento fatalmente intensifique: a associação dependente; a concentração da renda, do prestígio social e do poder no tope; a apropriação repartida do excedente econômico nacional, com a drenagem sistemática de riquezas para fora e a destruição sibarítica de riquezas internamente; o agravamento das desigualdades econômicas, sociais e culturais, paralelamente à instauração de processos pluralistas de estratificação societária. Como as classes "altas" e "médias" só se propõem e tentam resolver os "problemas nacionais" que se relacionam com seus próprios interesses de classes, os dinamismos da ordem social competitiva são mais ou menos cegos e ineficientes (quando não são impotentes) diante dos "problemas nacionais" que se prendem, ideal ou concretamente, a "interesses médios da população" ou a interesses particulares das classes "baixas".

Em todas as sociedades capitalistas surgem diferenças regionais e setoriais de desenvolvimento, que se refletem com maior intensidade nas relações das classes "baixas" com as funções classificadoras do mercado e com as funções estratificadoras do sistema de produção. É sob o capitalismo dependente, todavia, que essas diferenças produzem as repercussões mais extremas. O padrão dual de acumulação originária de capital, com a modalidade correspondente de apropriação repartida do excedente econômico nacional, reduzem aquelas funções ao que é essencialmente instrumental para a continuidade de crescimento das atividades econômicas organizadas "a partir de fora" ou através dos "setores desenvolvidos da economia interna". Daí resulta um complexo padrão de mercantilização do trabalho, o qual articula as relações entre agentes socioeconômicos que vivem em diversas "idades econômicas" e estão presos, por mediações da ordem social competitiva vigente, a diferentes modos de produção (variavelmente capitalistas ou pré-capitalistas e extracapitalistas). É característico desse padrão de mercantilização do trabalho, tal como se objetiva mediante as gradações conhecidas na América Latina, a existência de um "gradiente" funcional, que vai de uma condensação funcional positiva máxima a uma posição extrema neutra, passando por vários graus intermediários de condensação funcional. No polo positivo extremo, geralmente localizado nas comunidades urbano-industriais que atuam como metrópoles e "comandam o crescimento interno", o trabalho assalariado classifica socialmente, faculta condições mínimas de participação econômica, social e cultural, e concorre para promover a integração dos seus agentes humanos ao sistema nacional de poder. No polo neutro (que constitui o polo negativo extremo), a apropriação capitalista transcorre sob condições de permanente neutralização das funções classificadoras do mercado, anulando portanto as implicações que o trabalho poderia ter como meio de classificação social, de participação socioeconômica e cultural, ou de integração política. Nos polos intermediários, a apropriação capitalista "passa pelo mercado" com intensidade variável, permitindo pelo menos formas parciais ou marginais de classificação social, participação socioeconômica e cultural ou de integração política, condicionadas e reguladas pelas relações de trabalho. Tal padrão de mercantilização do trabalho pressupõe fortes tendências à depressão das funções classificadoras, de participação e de integração que o trabalho pode adquirir, através do mercado; e gera, pelas tendências de classificação parcial ou totalmente negativa, massas trabalhadoras que sofrem algum modo de expropriação capitalista, mas são permanentemente marginalizadas ou excluídas da ordem social competitiva.

É claro que o referido padrão de mercantilização do trabalho é específico do capitalismo dependente e subdesenvolvido (embora possa aparecer, eventualmente, nos focos "extremamente atrasados" das sociedades capitalistas hegemônicas), pois ele se constitui como conexão da acumulação dual de capital e da apropriação repartida do excedente econômico nacional. Introduz, na sociedade de classes produzida por esse tipo de capitalismo, dinamismos econômicos, socioculturais e políticos que não aparecem da mesma maneira sob o capitalismo maduro "avançado". Da perspectiva latino-americana, parece evidente que tal padrão de mercantilização do trabalho bloqueia ou dificulta a consciência social de interesses de classe similares, comuns ou equivalentes, e solapa ou enfraquece disposições e motivações que poderiam conduzir a formas mais ou menos ativas de solidariedade de classes. Assim, as classes "baixas" são cronicamente debilitadas em suas potencialidades de agir como classes, através dos próprios dinamismos que determinam a configuração e a evolução da ordem social competitiva sob o capitalismo dependente. Esses dinamismos convertem a classificação pelo trabalho (e suas implicações socioeconômicas, culturais e políticas) em uma espécie de privilégio degradado, de "segunda grandeza", que induz os assalariados reais ou potenciais a absorver as ilusões e algumas das expectativas de existência social inerentes à "condição burguesa". A proletarização, a mobilidade ocupacional horizontal ou vertical e a profissionalização assumem a aparência de alternativas "viáveis" e "eficientes" de solução, em escala individual ou de pequenos grupos, de problemas que a ordem social competitiva não pode resolver em escala coletiva. Os mesmos dinamismos dão origem a atitudes, comportamentos e orientações de valor reativos, de teor conformista, que anulam ou restringem as motivações e as disposições favoráveis ao emprego da competição e do conflito nas relações das classes "baixas" com as classes privilegiadas. Em consequência, membros ou grupos dessas classes acabam sendo vistos e aceitos como instrumentais para a realização dos fins ou das aspirações das classes "baixas" (em polarizações que vão do "tradicional" tráfico do paternalismo ao moderno tráfico da demagogia organizada a partir de cima e do populismo), e as potencialidades dinâmicas de afirmação autônoma das classes "baixas", como e enquanto classes, são pelo menos atrofiadas.

 Essa discussão coloca questões centrais. Em uma economia capitalista dependente e subdesenvolvida, a ordem social competitiva tende a reproduzir a acumulação dual de capital e a apropriação repartida do excedente econômico nacional, ou seja, a sobreapropriação capitalista do trabalho. Para assegurar eficácia e continuidade, tal ordem social não pode depender, exclusivamente, de meios opressivos e violentos de reprodução social do trabalho sobre-explorado. Nem tudo que as classes "baixas" fazem (ou deixam de fazer), em detrimento de seus interesses de classe, de sua consciência de classe, de formas exequíveis de atuação como classe e de solidariedade de classe, procede de "manipulações" diretas das classes privilegiadas ou do que se chama vulgarmente "as imposições do sistema". Nas condições dinâmicas em que opera, a ordem social competitiva da sociedade de classes dependente e subdesenvolvida também libera motivações, disposições e identificações que tendem a envolver as classes "baixas" e vinculá-las aos processos de *continuidade da ordem* (em termos de estabilidade e de mudança).

Vendo-se as coisas desse ângulo, dois pontos merecem enfatização. Primeiro, o chamado "conformismo das massas" nasce das polarizações dinâmicas predominantemente negativas. No entanto, embora favoreça a continuidade da ordem social competitiva, raramente ele se traduz por meio de opções claramente conscientes, firmes e inquestionáveis, em que o "querer racional" do indivíduo, da classe e da Nação estejam interligados. Em momentos críticos, é fatal a "ruptura com a ordem", segundo um estilo quase mecânico, já que ela não pode fazer aliados entre aqueles que segmenta, marginaliza ou exclui. Segundo, o poder de pressão (e de autoafirmação) das "massas trabalhadoras" ou da "gente pobre", em geral, e dos "operários", em particular, objetiva-se através de dinamismos que – quando contidos e regulados pela ordem social competitiva – são cronicamente insuficientes para o *uso aberto* da competição e do conflito nas relações de classes. Isso não decorre apenas dos controles coercitivos e limitativos, impostos pelas classes "altas" e "médias". A ordem social competitiva da sociedade de classes dependente e subdesenvolvida desgasta as "massas trabalhadoras", a "gente pobre" e as "classes operárias", reduzindo a quase nada suas potencialidades de canalizar institucionalmente seus anseios de reforma social ou de mudança social progressiva. Ainda aqui, o resultado, a curto ou a médio prazos, é a continuidade da ordem conforme as orientações de classe dos setores privilegiados. Não porque a continuidade da ordem seja em si mesma desejável e querida. Tal alternativa não se coloca, embora as classes "baixas", em seus diversos setores, pudessem ser mobilizadas pela ordem social competitiva. A questão é que, sob o capitalismo dependente, a ordem social competitiva é demasiado fraca para proceder a essa mobilização, potencialmente viável, mas que exigiria a supressão das condições e dos efeitos do próprio capitalismo dependente.

É nesse nível que se evidencia o "calcanhar de aquiles" da sociedade de classes latino-americana. Ela é *estável* por causa de efeitos estáticos do seu padrão de organização, de crescimento e de desenvolvimento. Contudo, como ela deprime, solapa ou neutraliza, por vários modos e vias, a classificação, a diferenciação, a participação e a integração das camadas assalariadas, pobres ou despossuídas, ela carece de poder de mobilização efetivo, capaz de servir como fulcro de redefinição das relações de classe e de recomposição das posições relativas das classes entre si. A ordem social competitiva funda-se de tal maneira em desigualdades extremas e nas barreiras que permitem mantê-las, ao mesmo tempo, em crescimento paralelo com a expansão gradual do regime de classes, que ela se anula como ponto de partida de transformação radical do *status quo*. Ela não confere ao despossuído, ao pobre, ao operário potencialidades para contrabalançar as influências exorbitantes das classes "altas" e "médias" ou para desencadear movimentos sociais suscetíveis de conduzir ao controle da dependência e do subdesenvolvimento dentro do capitalismo. Os dinamismos da sociedade não adquirem, pois, vigor suficiente para alterar as estruturas e os dinamismos da economia e da cultura. Ao condenar ao ostracismo e à participação segmentária ou marginal suas classes "baixas", as sociedades nacionais da América Latina não só destroem as identificações larvárias dessas classes com a ordem social competitiva e dissipam suas "compulsões burguesas". Elas também se condenam à eternização da dependência e do subdesenvolvimento, mediante a institucionalização do capitalismo selvagem. O campo de forças socialmente ativas só fica aberto aos "campeões do desenvolvimento", todos os adeptos dos "milagres econômicos" proporcionados pela industrialização da dependência, do subdesenvolvimento e da exploração implacável do povo.

Aos dinamismos descritos somam-se outros, que não decorrem imediatamente do tipo de "sociedade pluralista", que pode ser forjada sob o capitalismo dependente. A modernização por incorporação ao espaço econômico, sociocultural e político das sociedades capitalistas hegemônicas suscita um processo secundário, que afeta os ritmos de funcionamento e de evolução da ordem social competitiva, provocando a emergência contínua de polarizações sociodinâmicas correspondentes. As técnicas, as instituições e os valores importados, articulados entre si segundo modelos e aspirações que também procedem de fora, levam a uma organização típica do espaço econômico, sociocultural e político interno. As técnicas, as instituições e os valores – com os interesses, os modelos e as aspirações contextuais – não "rendem" o que poderiam e deveriam "render". As condições estruturais não o permitem e elas não poderiam ser "importadas" – têm de ser e são criadas a partir de dentro. O grande dilema desse padrão de modernização está no seu embricamento com os dinamismos econômicos, socioculturais e políticos das sociedades capitalistas hegemônicas. Não toma nem poderia tomar em conta as exigências da situação, tal como elas se definem estruturalmente (ou seja, a partir de dentro, mesmo segundo as exigências que decorrem dos elementos e contextos culturais importados). Por conseguinte, o referido padrão de modernização produz uma alocação errada de fatores materiais e humanos, alimenta formas de crescimento ou de desenvolvimento substancialmente deformadas e estabelece as bases para a perene continuidade do "progresso importado". Os agentes que tomam as "decisões modernizadoras", individual ou coletivamente (e internos ou externos), supõem que reproduzem o modelo original de economia, de sociedade e de cultura. Na verdade, o processo tende a criar economias, sociedades e culturas homólogas aos modelos originais, mas para funcionar sob o seu controle indireto, sob sua contínua influência e para o seu proveito. Isso acarreta uma diferenciação do modelo simulado, que passa a ser homólogo em tudo, menos na capacidade de funcionamento, de crescimento e de desenvolvimento relativamente autônomo, autossustentado e autopropelido.

A ordem social competitiva, que se forma e evolui sob o capitalismo dependente, adapta-se, estrutural e dinamicamente, a essa diferenciação. Ela progride por meio dos dinamismos externos, que alcança ou pode incorporar. Como ela carece de condições estruturais para dar plena eficácia a tais dinamismos e não possui fatores dinâmicos próprios para se automodernizar, fixa-se residualmente nos limites da "eficácia possível" e da mudança "operacional" ou "controlável" (pois a mudança se torna operacional e controlável para as classes internas ou externas, a que pertencem os agentes das "decisões modernizadoras"). Isso significa que a ordem social competitiva se adapta, estrutural e dinamicamente, a três tempos simultâneos de subdesenvolvimento. Um, que procede do atraso com que pode ser palco das "decisões modernizadoras"; outro, que nasce das limitações estruturais ao "emprego ótimo" das técnicas, instituições e valores importados, com ou sem seus contextos socioculturais; por fim, um terceiro, que se constitui graças à falta de referências internas, que possam ordenar e dinamizar a autonomização progressiva dos processos de inovação econômica, sociocultural e política (o que tem implicações muito graves, pois os agentes das "decisões modernizadoras" sabem, de antemão, que não podem controlar o fluxo da modernização nem promover a sua autonomização, estando todo o esforço despendido à mercê dos dinamismos externos de renovação).

Embora através do próprio processo de incorporação sejam desencadeadas contrarreações compensadoras (que visam a dar significados e conteúdos internos às realizações "modernizadoras" e "desenvolvimentistas"), é evidente que o subdesenvolvimento converte-se no que se poderia chamar de "estado normal do sistema". Ele afeta todos os ritmos estruturais, dinâmicos e históricos da ordem social competitiva sob o capitalismo dependente. O que interessa, aqui, são três aspectos do problema, que se relacionam com o funcionamento e a evolução da sociedade de classes. Primeiro, devido à própria natureza do processo de desenvolvimento capitalista nas condições apontadas, as formas de produção absorvidas – mesmo quando são tecnologicamente obsoletas nas sociedades hegemônicas – contêm potencialidades que não são nem podem ser completamente exploradas. Por isso, as forças produtivas dispõem de espaço econômico ocioso para se expandirem, embora raramente tal espaço seja aproveitado. Nessas condições, as contradições entre as formas de produção e as forças produtivas deixam de dinamizar o progresso tecnológico, por vias internas, ou o dinamizam de modo muito fraco, debilitando-se assim tanto o crescimento quanto o desenvolvimento econômico. As revoluções da ordem econômica, encadeadas em sequência na evolução do capitalismo, emergem como uma consequência da articulação econômica dependente (e não como fruto de uma evolução puramente ou predominantemente "interna"). Segundo, nesse contexto, as classes privilegiadas (entendendo-se no conceito os interesses de classe tanto "internos" quanto "externos") tendem a definir sua posição diante da modernização em termos de uma relação mercantil. A modernização converte-se, em si mesma, "em negócio" ou em "meio para outros negócios". As "decisões modernizadoras" perdem de vista, portanto, os interesses das classes que não participam de tais atividades e, a curto, médio ou longo prazos, os "interesses médios" das Nações como um todo. Elas intensificam os laços de dependência (em todos os níveis e planos), como decorrência da maximização das vantagens relativas dos agentes das decisões; e, doutro lado, acentuam a conexão do subdesenvolvimento com as probabilidades de privilegiamento das "posições de barganha" desses mesmos agentes. Nesse sentido, as "decisões modernizadoras" acabam se orientando na direção de interesses e de formas de consciência ou de solidariedade de classe que se fixam na continuidade do desenvolvimento associado ou induzido (e, portanto, do subdesenvolvimento que se refaz e se recompõem continuamente, através das vias mais paradoxais, como o "crescimento rápido" ou o "desenvolvimento acelerado"). Terceiro, as classes excluídas das posições privilegiadas não adquirem experiência e maturidade sobre a natureza e as consequências das "decisões modernizadoras". Acabam sendo as vítimas reais das contrarreações compensatórias, que justificam ideológica ou utopicamente aquelas decisões (quase sempre as fórmulas são importadas de fora, juntamente com as inovações e as técnicas de propaganda, exploradas em sua difusão). As massas absorvem, assim, as ideologias e as utopias de compensação, que justificam em termos "nacionais" os *surtos desenvolvimentistas*, percorrendo desse modo um duro caminho, até que logram descobrir a sua falsidade ou falta de conteúdo ético. Nesse período, as confusões infiltradas com as fórmulas de propaganda se mantêm, porque as pequenas vantagens resultantes dos surtos de "crescimento rápido" e de "desenvolvimento acelerado" são, não obstante, atraentes para os setores assalariados, marginais ou despossuídos. Tais vantagens prevalecem até o momento em que a natureza do processo se desvenda e surgem avaliações mais ou menos críticas, realísticas, fundadas nos interesses insatisfeitos das classes "baixas". Então, se as decepções e frustrações coincidirem com a constituição de movimentos sociais reformistas ou revolucionários, o desmascaramento em termos de classe ou de interesses nacionais desencadeia novos dinamismos reativos, agora dotados de funções sociais construtivas. Doutro lado, as aspirações de classificação social, de preservação de *status* adquiridos ou de mobilidade social vertical estimulam as classes "baixas" a fixarem seus interesses, suas ilusões e suas expectativas mais nos efeitos que na complexa rede de ramificações que condicionam e regulam a modernização dependente. Por esse motivo, as classes "baixas" captam o subdesenvolvimento mais perceptiva que cognitivamente, como um "estado" nocivo e indesejável. Suas reações sociodinâmicas configuram, nesse nível, uma típica relação potencial de conflito. Para se realizarem "dentro da ordem", essas classes necessitariam de condições que só seriam possíveis mediante a eliminação simultânea da dependência e do subdesenvolvimento. Por isso, embora suas percepções da realidade sejam confusas e suas posições de classe não favoreçam a passagem à oposição efetiva "dentro da ordem", a inquietação latente orienta as classes "baixas" contra o subdesenvolvimento, pelas vias que se tornem exequíveis (a demagogia, o populismo, o partido "oficial", ou movimentos realmente de classes, de teor reformista ou revolucionário).

Ao deprimir as contradições entre as forças produtivas e as formas de produção capitalistas, o subdesenvolvimento desloca o centro de avaliação societária da ordem existente, pondo em primeiro plano as "aspirações" ou "necessidades" de desenvolvimento e escamoteando, ao mesmo tempo, a crítica do capitalismo (que acabaria sendo a crítica do capitalismo dependente). Poucos são os grupos que tentam focalizar sistematicamente o que "está falhando" e, em particular, se o capitalismo poderia resolver, nas condições de dependência e subdesenvolvimento, os problemas nacionais com que se defrontam os povos da América Latina. As ideologias e utopias "desenvolvimentistas" preenchem as suas funções, dinamizando atitudes, comportamentos e orientações de valor inspiradas em expectativas de "revolução dentro da ordem" (isto é, em transições pelas quais o desenvolvimento capitalista sempre reproduziria socialmente a dependência e o subdesenvolvimento, embora em novos níveis socioeconômicos e culturais). Mas nenhum grupo ou setor de classes chega a articular contraideologias e contrautopias efetivamente calibradas sobre a "revolução contra a ordem" em termos de criação de alternativas capitalistas (ou seja, de um neocapitalismo capaz de vencer, a partir de dentro, as causas e os efeitos do subdesenvolvimento, forjando padrões autônomos, autossustentados e autopropelidos de desenvolvimento capitalista).

Isso ocorre porque a incorporação dependente é invisível, inflexível e insuperável; os adeptos mais ardorosos do "desenvolvimentismo" (ou do "ultradesenvolvimentismo") ignoram os laços que os prendem indissociavelmente aos dinamismos econômicos, socioculturais e políticos externos e trabalham, de fato, por novas alternativas de incorporação dependente. Os dinamismos socioeconômicos, culturais e políticos da sociedade de classes latino-americana desembocam, portanto, em imenso vazio político e histórico, o qual põe em jogo a sua própria dissolução. Só a "revolução contra a ordem", negadora ao mesmo tempo da dependência, do subdesenvolvimento e do capitalismo, oferece uma alternativa real ao padrão dependente de desenvolvimento capitalista. Como sucede com os fatos de estrutura, os fatos de funcionamento e de evolução também sugerem que uma ordem social competitiva fraca não possui condições para coordenar as transformações críticas do sistema de produção capitalista, da sociedade de classes e da civilização científico-tecnológica. Inibindo todas as influências, exceto as que procedem do tope e combinam a mudança socioeconômica, cultural e política à preservação mais ou menos rígida de privilégios de classes, ela só deixa uma porta aberta à superação do subdesenvolvimento: a da revolução socialista.

A discussão anterior não podia ser completa. No entanto, ela põe em evidência o que sucede com a sociedade de classes sob o capitalismo dependente na América Latina. Ela tende a crescer e a desenvolver-se nacionalmente, mas dentro do espaço e através de modelos e dinamismos da economia, da sociedade e da cultura das nações capitalistas hegemônicas. Ela repete os processos que são, estrutural e dinamicamente, essenciais à constituição, ao funcionamento e à desintegração do regime de classes. Todavia, não mediante impulsões internas efetivamente "autodeterminadas", mas por uma combinação articulada de impulsões internas e de condicionamentos e estímulos externos, através da qual se forma o padrão de desenvolvimento capitalista dependente e, concomitantemente, o tipo de sociedade de classes que ele torna possível. Esse tipo de sociedade de classes também se organiza para dar suporte, continuidade e eficácia ao capitalismo, apenas o faz em condições estruturais e dinâmicas próprias, já que reproduz socialmente a infraestrutura e a superestrutura de um sistema capitalista dependente. Ao discutir a forma, os dinamismos e o sentido histórico dessa sociedade de classes, a terceira questão (conforme anteriormente, p. 52 e ss.) acabou sendo abordada de diferentes ângulos. É que seria impraticável examinar os aspectos centrais da sociedade de classes dependente e subdesenvolvida sem debater a ordem social competitiva que engendra e, ao mesmo tempo, a limita, entravando as funções construtivas das classes sociais e do próprio regime de classes. Agora, é desnecessário retomar toda a questão proposta, bastando pôr em relevo o significado histórico-sociológico dos processos de formação, evolução e desintegração da ordem social competitiva que se forjou, na América Latina, graças à transição do antigo sistema colonial e do neocolonialismo para um sistema capitalista dependente.

A situação histórico-social descrita representa um limite na manifestação da ordem social competitiva. É fácil imaginar-se que ela poderia ter-se estruturado, funcionado e evoluído de maneira similar na Europa, *se* as funções classificadoras do mercado capitalista e as funções estratificadoras do sistema de produção capitalista tivessem sido, de um modo ou de outro, amortecidas, solapadas ou anuladas, em virtude da existência ou da persistência de um padrão de acumulação capitalista que institucionalizasse formas bem mais drásticas de espoliação do trabalho (através de relações de mercado ou de relações de produção). Nesse caso, certos privilégios do "antigo regime" não seriam destruídos pela formação e expansão da ordem social competitiva, pois encontrariam meios para se perpetuar através dela, ao longo de sua evolução. Do mesmo modo, formas pré-capitalistas de acumulação originária de capital, bem como certas modalidades transitórias de acumulação capitalista extorsivas, também não seriam eliminadas por vias sociais e políticas. Sob esse ângulo, a ordem social competitiva, que se constituiu sob o capitalismo dependente, não está tão longe do "modelo clássico" (especialmente se se consideram as fases mais remotas de sua formação ou os casos nos quais a revolução agrícola e urbana se mantiveram circunscritas). Determinadas relações socioeconômicas de "sentido moderno" fixaram-se segundo combinações que só poderiam ser eliminadas mediante transformação do seu substrato sociocultural e político. Essas transformações deixaram de ocorrer, não de todo, mas com a intensidade em que seriam necessárias, porque na América Latina sempre se manteve uma concentração extremamente elevada da riqueza, a qual condicionou e determinou a perpetuação ou a renovação de formas concomitantes de concentração do prestígio social e do poder, herdadas do antigo sistema colonial, ou impostas durante a transição neocolonial e pelo "capitalismo moderno". Em consequência, os requisitos típico--ideais da ordem social competitiva só foram aplicados, durante a fase de sua formação ou posteriormente, àqueles que herdaram posições privilegiadas ou foram capazes de lograr o privilegiamento das posições adquiridas. Ao se estabelecer uma comparação condicional e ideal, como a suscitada aqui, o "particular" e o "típico" podem vincular-se de várias maneiras (não apenas conforme o que se patenteia pela "história transcorrida" ou pelas estruturas e funções "selecionadas" através de reconstruções *ex post facto*). Certas relações econômicas básicas podem repetir-se, produzindo efeitos econômicos, socioculturais e políticos diversos em diferentes contextos estrutural-funcionais e históricos. Não foram apenas as funções classificadoras do mercado e as funções estratificadoras do sistema de produção que "determinaram" as transformações conhecidas do capitalismo na Europa e nos Estados Unidos. O modo pelo qual essas funções foram aproveitadas e alteradas pelo meio propriamente social constitui a "outra face da história", que não se repetiu na América Latina porque o "típico" não se reproduziu da mesma maneira e o "particular" assumiu outra forma e significação.

O que é essencial ter-se em mente é que, nas condições da América Latina, por causa de suas origens coloniais e das implicações da transição neocolonial, o "capitalismo moderno" nasce, consolida-se e evolui repetindo o "típico" de modo peculiar e criando a sua própria conexão histórica "particular". A ordem social competitiva não deita suas raízes mais longínquas em um estamento burguês revolucionário; mas em estamentos senhoriais que pretendiam usar suas posições-chave no controle da economia e de Nações-Estados emergentes, como fonte de privilegiamento do poder senhorial, realizando assim a integração horizontal de estruturas de poder estamentais (antes impedida pelas Coroas espanhola e portuguesa e pela administração colonial). A "condição burguesa" não foi o requisito mas o produto imprevisto e quase inexorável dessa evolução. Ela não atirou os círculos sociais em processo de aburguesamento contra os "privilégios do antigo sistema" (no caso, o sistema colonial), e sim contra o "jugo colonial". Destruído esse jugo, definido no nível da dominação jurídico-política e econômica metropolitana, todos os demais privilégios subsistiram. Não só eles se viram reforçados: deram substância à constituição de uma oligarquia, que se tornou burguesa por imposição de sua posição econômica, de seus papéis políticos e de seu destino histórico – não por ideais de vida firmemente aceitos e pelo impulso de uma revolução social "contra" estruturas econômicas, socioculturais e políticas que impedissem a oligarquia em questão de realizar-se como classe. Nesse contexto, os outros grupos, despossuídos e destituídos de privilégios, contaram muito pouco. Serviram como "massa de manobra" e tiveram que esperar muito tempo para exercer alguma influência ativa sobre a organização da economia, da sociedade e da cultura. Portanto, o cenário não conta nem com o "burguês conquistador" nem com o "camponês inquieto" e o "operário rebelde". Graças ao domínio autocrático das estruturas econômicas, socioculturais e políticas, nas origens mais remotas da ordem social competitiva temos uma oligarquia que monopolizava o poder sem maiores riscos e que se aburguesou sem compartilhar quaisquer dos seus privilégios com a "ralé" ou o "populacho". Os próprios estamentos intermediários logravam participação porque se identificam com a oligarquia e eram vistos como ramificações das "famílias tradicionais" e da "aristocracia". Por sua vez, a oligarquia não era propriamente fechada. Podia absorver todos os que conseguissem privilegiar-se econômica, social e politicamente. Porém, era exclusiva e exclusivista. A ela só podiam ter acesso os que eram *iguais*, que possuíssem o direito do privilegiamento, do estilo de vida conspícuo e da dominação autocrática.

Haveria muito que escrever sobre os processos que produziram o desnivelamento dessa burguesia, por efeito estático do mercado e, em especial, sobre a "mentalidade burguesa" que se constitui como um prolongamento da avidez e da violência senhoriais. A competição surge como um circuito social estreito e confinado, que se aplica e regula as relações dos que se consideravam "iguais", que se tratavam como *Povo*, mas excluíam os diferentes estratos do povo propriamente dito da "sociedade civil" e dos processos histórico-sociais. Em consequência, a ordem social competitiva não desponta como a expressão do equilíbrio instável de diferentes camadas sociais em tensão legítima. Ela reconhece a pluralização das estruturas econômicas, sociais e políticas como "fenômeno legal". Todavia, não a aceita como "fenômeno social" e, muito menos, como "fenômeno político". Os que são excluídos do privilegiamento econômico, sociocultural e político também são excluídos do "valimento social" e do "valimento político". Os excluídos são necessários para a existência do estilo de "dominação burguesa", que se monta dessa maneira. Mas não concorrem para saturar, estrutural, dinâmica ou historicamente, o "mundo burguês" correspondente. A evolução posterior iria se fazer *contra* esse arranjo inicial da ordem social competitiva. No entanto, como as posições estratégicas dessa ordem eram monopolizadas, de modo exclusivista, por uma burguesia arrogante e autocrática, que detinha o poder de excluir no terreno social, cultural e político aqueles com quem se articulava economicamente (através de relações de mercado ou do sistema de produção), tal ordem nunca foi, por si mesma, um fator de desagregação do "antigo regime" ou de constituição de uma "sociedade aberta". A "descolonização" iria se processar sob impulsões e pressões que esbarrariam, de modo permanente, com o bloqueio e a resistência erguidos a partir de dentro da ordem social competitiva, pelos setores que se privilegiaram graças a padrões exclusivistas de competição e ao atrofiamento decorrente das modalidades de compulsões igualitárias ou democráticas, requeridas por essa mesma ordem societária na Europa e nos Estados Unidos. O espaço disponível não permite situar, porém, processos tão variados e complexos. Teremos de concentrar nossa atenção em certas relações estruturais e dinâmicas, que sugerem como a configuração e as transformações da ordem social competitiva afetam os ritmos de funcionamento e de evolução da sociedade de classes, sob o capitalismo dependente.

Em sociedades nas quais o desenvolvimento capitalista foi suficientemente intenso para promover aumentos constantes das classes "alta" e "média" e a classificação normal das classes "baixas", com tendências de participação sociocultural e política que universalizavam certos hábitos de consumo, direitos pessoais, garantias sociais e liberdades políticas fundamentais, a ordem social competitiva atingiu, paulatinamente, grande fluidez e contribuiu para criar, por baixo das diferenças de classe e por cima de formas contrastantes de solidariedade de classes, certa homogeneidade nacional quanto aos níveis mínimos dos padrões de vida, de aspirações sociais e de orientações de valor. Esses efeitos não "nivelaram a sociedade", nem poderiam fazê-lo. A ordem social competitiva suscita e dá continuidade a impulsões igualitárias e democráticas que são ajustáveis à persistência e mesmo ao incremento de desigualdades econômicas, socioculturais e políticas. Trata-se, portanto, de impulsões igualitárias e democráticas reguladas pela estratificação em classes sociais e que se relacionam com requisitos estruturais, de funcionamento e de evolução da própria *sociedade de classes*. Sem suprimir as distâncias econômicas, socioculturais e políticas, nascidas da estratificação em classes, e sem eliminar os chamados *dilemas* sociais típicos de qualquer sociedade de classes (decorrentes das inconsistências existentes entre os sistemas de valores ideais e a limitação concreta das oportunidades de ascensão social), a ordem social competitiva associa, em tais casos, a pluralização estrutural à homogeneização de hábitos, atitudes e valores necessários à integração nacional e à universalização (embora desigual) da participação econômica, sociocultural e política. A ordem social competitiva é a ordem da "sociedade aquisitiva" ou da "civilização burguesa". Todas as suas revoluções (concomitantes ou sucessivas) redundaram em benefícios para as classes "altas" e "médias", que monopolizaram socialmente as posições estratégicas de poder e legalizaram a "hegemonia burguesa". Não obstante, as classes "baixas" podem usar a competição e o conflito "dentro da ordem" para seus fins de classe, e manipulam as impulsões igualitárias ou democráticas acessíveis para melhorar suas posições de classe e dar maior eficácia às próprias formas de solidariedade de classe (o que lhes confere potencialidades de acelerar "revoluções dentro da ordem" e de identificar-se com "revoluções contra a ordem"). Essa realidade, no seu conjunto, é invertida nas sociedades de classes dependentes e subdesenvolvidas. Se se consideram os países da América Latina como foco de referência, a ordem social competitiva opera muito mais no sentido de consolidar e de manter as vantagens relativas das classes "altas" e (em menor escala) das classes "médias". Ela também concorre para ajustar a sociedade de classes (setorial, regional e nacionalmente) à aceleração do crescimento das classes e à consolidação do regime de classes. Em um plano secundário, rompe com suas funções centrais e ajusta a pluralização estrutural a modalidades tênues ou descontínuas de redistribuição societária da renda, do prestígio social e do poder. As últimas tendências, a largo prazo, são as mais significativas para a evolução da ordem social competitiva e de suas funções construtivas na formação ou na redefinição das relações de classe. Porém, as primeiras tendências definem o *status quo* e como ele poderá ser preservado ou alterado, enquanto a evolução da ordem social competitiva e do regime de classes depender da iniciativa e do poder das classes privilegiadas. A ordem social só é realmente competitiva para essas classes e a sociedade de classes só é realmente aberta com referência a seus interesses de classes. A competição e o conflito podem ser usados "legitimamente" pelas classes "baixas" em fins e formas de solidariedade que chegam a ser irrelevantes até para a "estabilidade da ordem". As probabilidades de que essas classes usem a competição e o conflito para fins e formas de solidariedade abertamente vinculadas com eventuais "revoluções dentro da ordem" são vistas como ilegais e reprimidas por vias diretas e indiretas (nas quais o poder privado das classes privilegiadas e o poder de repressão policial-militar do Estado caminham paralelamente). Elas possuem, por conseguinte, probabilidades muito fracas de influenciar os dinamismos (de funcionamento ou de evolução) da ordem social competitiva.

Como já foi indicado, essa configuração da ordem social competitiva constitui um produto das funções classificadoras do mercado e das funções estratificadoras do sistema de produção sob o capitalismo dependente (ou seja, sob a vigência permanente do padrão dual de acumulação originária de capital e da modalidade correspondente de apropriação repartida do excedente econômico nacional). O que interessa, agora, não é como se forma e como funciona a ordem social competitiva em tais condições. Mas, por que ambas as funções (as centrais e as secundárias ou derivadas) foram selecionadas socialmente e quais são seus principais efeitos sociodinâmicos. Está claro que a absorção do padrão de desenvolvimento capitalista, mesmo através de uma posição cronicamente heteronômica, e a expansão concomitante do regime de classes, mesmo em condições de subdesenvolvimento persistente, imprimiram à ordem social competitiva certas funções sociais construtivas, que ela está preenchendo ou irá preencher, concorrendo para assegurar o progresso interno do capitalismo e da sociedade de classes. Doutro lado, também é evidente que tais progressos alargam continuamente o acesso das classes "baixas" ao uso da competição e do conflito em fins que se definem em termos de suas posições, interesses e solidariedade de classe. Isso não se dá como um automatismo mas em consequência das pressões que tais classes podem fazer, à medida que se classificam "dentro da ordem" e lograram tomar consciência do tipo de estabilidade ou de mudança, "dentro" ou "contra a ordem", que mais lhes convém.

Todavia, os dois processos mencionados desenrolam-se (e provavelmente continuarão a desenrolar-se, enquanto se mantiver o presente *status quo*) sem romper o paralelismo existente entre a expansão do regime de classes e o constante fortalecimento das vantagens relativas das classes "altas" e "médias".

Tem-se procurado explicar esse paralelismo em termos das funções manifestas do desenvolvimento capitalista (em particular, as que se associam às realizações da "livre-iniciativa", ao crescimento econômico através da "livre-empresa" e à estabilidade política como requisito do "progresso econômico"). Não obstante, tais funções são antes derivadas e apenas fornecem os supostos motivos conscientes dos agentes sociais, que são privilegiados pelo modo de organizar o desenvolvimento capitalista em uma sociedade de classes dependente e subdesenvolvida. Ao que parece, a dependência e o subdesenvolvimento criam duas polarizações societárias, que determinam o "uso" do regime de classes pelas classes sociais privilegiadas. Em outras palavras, isso quer dizer que a ordem social competitiva é manipulada a partir de dentro pelas classes "altas" e "médias", de acordo com probabilidades de ação social, econômica e política que favoreçam ou são mais consistentes com os interesses, as posições e as formas de solidariedade de classe que elas podem articular econômica, social e politicamente. Uma das polarizações diz respeito às adaptações dessas classes às formas, aos meios e aos fins da dominação externa. A dominação externa (no modo sob o qual ela é aceita, com ou sem mistificação, como algo inevitável, ou como "associação decidida a partir de dentro" e a "melhor maneira" de assegurar o desenvolvimento com segurança) é encarada, pelas classes privilgiadas e suas elites, como economicamente vantajosa e cultural ou politicamente necessária. Entretanto, solapa as bases de poder e ameaça as probabilidades de decisão dessas classes e elites. Ao impor posições econômicas, sociais e políticas heteronômicas, o capitalismo dependente impõe, ao mesmo tempo, o privilegiamento no senso mais alto possível das classes "altas" e "médias", como um mecanismo elementar de autodefesa e de preservação das bases internas das relações de dominação. A outra polarização se refere às adaptações das classes privilegiadas às demais classes, que sofrem as consequências mais negativas da acumulação dual de capital e da apropriação repartida do excedente econômico nacional. Essas classes, quer contem ou não com as vantagens relativas da incorporação à ordem social competitiva, defrontam-se de modo permanente com as consequências crônicas do subdesenvolvimento e do tipo de esbulho extremo a que são submetidas, as quais não são mitigadas nem desaparecem com a "aceleração do desenvolvimento". Embora disponham de meios diretos e indiretos de controle pacífico e violento da situação, as classes "altas" e "médias" veem-se sob a ameaça constante daquilo que se poderia descrever, apropriadamente, como *justiça pelas próprias mãos*. Ao impor o subdesenvolvimento, o capitalismo dependente impõe, ao mesmo tempo, o privilegiamento no senso mais alto possível das classes "altas" e "médias", como um mecanismo elementar de autodefesa e de preservação das bases internas das relações de dominação.

Nessas circunstâncias, a ordem social competitiva promove uma dupla adaptação da sociedade de classes: 1º) à realidade e às transformações da dominação externa; 2º) à natureza e às manifestações da inquietação das massas, que "arcam" com os sacrifícios e "pagam" os custos sociais do desenvolvimento capitalista dependente. A burguesia e a pequena burguesia "usam" a classe social e o regime de classes de maneira muito semelhante à que, no passado, as chamadas oligarquias tradicionais "usaram" o estamento e o regime estamental, isto é, como um veículo de autodefesa, de autoafirmação e de autorrealização. No contexto descrito, se elas não pudessem privilegiar-se além dos limites que seriam normais na ordem social competitiva das sociedades capitalistas avançadas e hegemônicas, seriam esmagadas como e enquanto classes, a partir de fora (reversão da "independência nacional" à "dominação colonial" propriamente dita, no caso uma regressão histórica), ou a partir de dentro (mediante uma "revolução dentro da ordem", que suprimiria seu superprivilegiamento, mesmo que o capitalismo se mantivesse, ou por uma "revolução contra a ordem", através da qual elas seriam destruídas com o capitalismo). Análises superficiais sublinham relações positivas (e até otimistas) entre a "aceleração do desenvolvimento", a nacionalização dos centros de decisão e a participação das massas, as quais tornariam caduca a interpretação exposta. No entanto, parece que ela continua verdadeira e quiçá ainda mais válida. A dominação externa, graças ao capitalismo monopolista e ao recente padrão de imperialismo total, ramificou-se e intensificou--se a ponto de organizar-se a partir de dentro em bases quase simétricas às da antiga dominação colonial. As frustrações das massas sofreram evolução paralela, ficando mais intensas, ramificadas e conscientes, graças ao aparecimento gradual de formas de atuação como classe, que antes não existiam, e ao inconformismo solidário de outros grupos ou categorias radicais, que dão maior ressonância e expressão política àquelas frustrações. Por conseguinte, as duas evoluções vão na mesma direção, fazendo com que as classes "altas" e "médias" se preocupem cada vez menos com a eficácia e a racionalidade *ideais* da ordem social competitiva e cada vez mais com sua *"utilidade" efetiva* para o privilegiamento de seus interesses, suas posições e suas formas de solidariedade de classes. Ao mesmo tempo em que elas aceitam e endossam as novas condições de incorporação ao "mundo capitalista" hegemônico, armam-se para submeter o processo a controle político e para sufocar o radicalismo das classes "baixas" e de outros círculos sociais. Esse parece ser o sentido da progressiva adaptação da ordem social competitiva a novas modalidades de dominação autocrática, fundadas no poder estatal, na militarização das estruturas e funções do Estado e na repressão policial-militar das "ameaças à ordem", quer elas tenham origens liberal-democráticas, quer elas tenham origens socialistas. A ordem social competitiva não é, assim, destruída em suas bases econômicas, socioculturais e políticas. É ajustada sem ficções – e também sem transigências – ao que deve ser sob o capitalismo dependente e a sociedade de classes subdesenvolvida. As classes "altas" e "médias" só enxergam uma alternativa ao seu superprivilegiamento: o que percebem e explicam, cataclismicamente, como a "subversão do sistema". Ao proceder desse modo, deixam pouco espaço econômico, sociocultural e político para que as demais classes logrem realizar-se de alguma maneira "dentro" e "através" da ordem social competitiva.

Mesmo admitindo-se que a ordem social competitiva nunca correspondeu aos seus fundamentos axiológicos e utópicos, é patente que o mencionado padrão de privilegiamento contradiz até a *desigualdade racional*, que constitui o seu alicerce normal. Arrogando-se e apegando-se a privilégios excessivos, embora necessários sob o capitalismo dependente e subdesenvolvido, as classes "altas" e "médias" barram-se os caminhos pelos quais poderiam realizar-se como e enquanto classes, realizando ao mesmo tempo, de alguma forma, interesses de outras classes e "interesses médios" da coletividade. O que elas ganham numa direção puramente egoísta, perdem em capacidade criadora, em todos os níveis de sua atuação econômica, sociocultural e política. A ordem social competitiva adquire extrema eficácia como instrumento de estabilidade ou de mudança vigiada. Contudo, não enriquece suas potencialidades dinâmicas em outros rumos mais complexos, que simbolizam o valor histórico da "civilização burguesa". Não só tolhe as impulsões igualitárias e democráticas que são possíveis sob essa civilização: associa estrutural e dinamicamente, pela organização interna da sociedade de classes e das relações entre as classes, o desenvolvimento capitalista dependente com o subdesenvolvimento. Uma burguesia e uma pequena burguesia, com horizontes intelectuais muito estreitos, delimitam seus papéis nos níveis da estrutura da sociedade e da história, para serem os baluartes de uma ordem que consagra a dependência, o subdesenvolvimento e a iniquidade sistemática.

Dessa perspectiva, é possível entender-se por que a ordem social competitiva não se tornou instrumental, sob o capitalismo dependente e a sociedade de classes subdesenvolvida, quer para a revolução nacional, quer para a autonomização do padrão de desenvolvimento capitalista. A revolução nacional requer, mesmo sob o capitalismo, algum modo de entendimento social e de comércio político entre as classes. Ao bloquear ou ao deprimir as classes "baixas", as classes privilegiadas reduziram o alcance e a variedade dos interesses de que se tornaram porta-vozes. Perderam, assim, a condição de fundir a realização de seus interesses de classe e a integração nacional, malogrando como elites políticas. O que resultou desse malogro é mais profundo do que vulgarmente se supõe. Porque o malogro é estrutural e sociodinâmico, o que está em jogo não são os agentes individuais, mas as potencialidades estruturais e dinâmicas da ordem social competitiva. Esta não se ajustou às funções que deveria preencher e às transições que deveria desencadear para que a revolução nacional se completasse. Algo similar ocorreu quanto ao padrão de desenvolvimento capitalista. Ao privilegiar suas "posições estratégicas" e suas "vantagens relativas", as classes "altas" e "médias" conseguiram resguardar e fortalecer seus interesses particulares em condições muito difíceis. Perderam de vista, todavia, que aí não estava o essencial. O mais importante não estava nos alvos visados, mas em algo subjacente: o grau de absorção e de domínio interno do próprio padrão de desenvolvimento capitalista. Gravitando de modo permanente em torno de suas "posições estratégicas" e de suas "vantagens relativas", fizeram uma opção implícita pelo capitalismo dependente, contentando-se com o prato de lentilhas. A ordem social competitiva foi deliberada e persistentemente adaptada às condições de dependência e subdesenvolvimento como estado crônico, embora em constante mudança. Em nenhum momento chegou a funcionar como um foco de impulsões societárias que impusessem a autonomização do desenvolvimento capitalista, como alternativa válida ao superprivilegiamento das classes dominantes. Em consequência, em todas as fases de transição estrutural (como sucedeu com a revolução comercial e está ocorrendo com a revolução industrial), a liderança dos processos se transferiu das elites internas para as externas. Doutro lado, as "revoluções dentro da ordem" se tornaram impossíveis. A ordem social competitiva não pode estimular esse tipo de mudança, se não surjam impulsões societárias que encadeiam a revolução agrícola, a revolução urbana e a revolução democrática às transformações estruturais do capitalismo. De um ponto a outro, a ordem social competitiva só foi eficaz para o privilegiamento das classes "altas" e "médias", a contínua renovação de um padrão dependente de desenvolvimento capitalista e a reprodução, em níveis crescentemente mais complexos, do subdesenvolvimento.

De acordo com as interpretações precedentes, a sociedade de classes, que se torna possível sob o capitalismo dependente, molda a sua própria ordem econômica, social e política. Essa ordem, por sua vez, condiciona e regula os dinamismos de funcionamento e de evolução da sociedade de classes que a engendra, vinculando-a, de modo permanente, a padrões dependentes de desenvolvimento capitalista e a estados crônicos de subdesenvolvimento.

Em termos gerais, são os dinamismos de funcionamento e de evolução dessa ordem que permitem caracterizar o que se poderia descrever como a "lógica intrínseca" do capitalismo dependente. Não são os modelos institucionais e os dinamismos econômicos e socioculturais, absorvidos de fora e que constituem os seus aspectos aparentemente "mais avançados" e "mais modernos", que a definem no nível mais profundo da ordem inerente ao sistema societário. É o modo de privilegiamento interno das classes "altas" e "médias", cujos setores dominantes e elites dirigentes forjam o seu *espírito capitalista* especial, alicerçado na combinação da dependência com o subdesenvolvimento, que determina a "lógica do capitalismo dependente" e o caráter ultraegoístico, autocrático e conservador de suas estruturas de poder elitista. Doutro lado, por fundar-se na dominação exclusiva e exclusivista das classes privilegiadas, a referida ordem econômica, sociocultural e política carece de potencialidades de autotransformação suficientemente fortes e contínuas para imprimir maior flexibilidade e eficácia ao funcionamento das classes sociais e do regime de classes. Suas potencialidades de autotransformação apenas alimentam os mecanismos de estabilidade e de mudança dentro da ordem que reproduzem socialmente um padrão dependente de desenvolvimento capitalista e uma sociedade de classes estruturalmente pluralista, mas dinamicamente semiaberta e semidemocrática. Nessas condições, a nacionalização e a autonomização do desenvolvimento capitalista esbarram na rigidez da ordem econômica, sociocultural e política vigente. Isso faz com que a "revolução dentro da ordem" seja sistematicamente esvaziada de significação para as classes que não são privilegiadas e com que a "revolução contra a ordem" só tenha pleno sentido fora e acima do contexto burguês, como uma revolução das classes "baixas" e dos setores radicais de outras classes contra o capitalismo dependente e a sociedade de classes a que ele dá origem.

    Essas conclusões sugerem que a dependência e o subdesenvolvimento suscitam problemas que não podem ser resolvidos sob o capitalismo dependente e a sociedade de classes subdesenvolvida. Mantidas as demais condições, a "aceleração do desenvolvimento capitalista" apenas tem aprofundado a dependência e agravado o subdesenvolvimento, provocando ao mesmo tempo maior rigidez na ordem social competitiva (cujas estruturas de poder precisam ser reajustadas às frustrações, às tensões e aos conflitos desencadeados pela intensificação da modernização, da apropriação repartida do excedente econômico nacional e da espoliação do trabalho). Três vias poderiam se abrir para a solução de tais problemas. A primeira, consiste em fortalecer, segundo ritmos bastante rápidos, a incorporação dos países da América Latina ao espaço econômico, sociocultural e político das nações capitalistas hegemônicas. Essa alternativa permitiria quebrar o privilegiamento interno como fator de rigidez da ordem social competitiva, pela mobilização concomitante dos setores sociais menos privilegiados ou despossuídos. Mas envolve custos econômicos, socioculturais e políticos que a tornam impraticável. Na prática, só serve para justificar os "surtos desenvolvimentistas" e manter o *status quo*. A segunda via é bem conhecida: a multiplicação rápida dos pontos de disseminação dos "privilégios estratégicos", de modo a universalizá-los no seio das classes "médias" e a torná-los mais frequentes nos "setores explosivos" das classes "baixas". Essa alternativa abriria o caminho para uma autêntica "revolução dentro da ordem", pela qual o próprio capitalismo resolveria os problemas gerados pela acumulação dual de capital e forjaria formas de autonomização do desenvolvimento capitalista econômica, social e politicamente viáveis. Tal alternativa também é impraticável, porque pressupõe tendências e ritmos de mudança social, que são improváveis, e não se adapta às realidades da dominação capitalista na era da grande corporação multinacional, da internacionalização dos mercados e do imperialismo total. Na prática, tem sido útil aos setores sociais que podem empolgar o reformismo como expediente de ascensão social e às manipulações conservadoras ou reacionárias que visam ao "desenvolvimento com segurança", mediante a "institucionalização da revolução". A terceira via foi apontada anteriormente: a "revolução contra a ordem" por meio da explosão popular e do socialismo. Ela não é fácil, por vários motivos, externos e internos; mas é possível na "escala latino-americana", como o demostra o exemplo de Cuba. A sua vantagem reside na ruptura total com os fatores e efeitos da dependência e do subdesenvolvimento, sob o capitalismo e a sociedade de classes. Na prática, também pode ser adulterada (graças à influência persistente do populismo e de modalidades pseudorrevolucionárias do nacionalismo). Todavia, é a única via efetivamente capaz de superar a dependência e o subdesenvolvimento, convertendo-os em "desafio histórico" e em fonte de solidariedade humana na luta pela modernização autônoma por uma ordem social igualitária.

Classe, poder e revolução social

O sistema de poder, inerente à sociedade de classes, é altamente complexo. Requer diferentes formas de dominação e de liderança, que operam em vários níveis das ações e das relações sociais e que envolvem, em cada nível, poder social, poder social orientado politicamente e poder especificamente político. A dependência e o subdesenvolvimento não alteram essa realidade, antes a complicam. A superestrutura legal e política da sociedade de classes sofre, nessas condições, uma dupla reflexão: uma, que resulta das estruturas de poder, normalmente requeridas para a constituição e o desenvolvimento da ordem social competitiva, as quais são congestionadas nas "posições estratégicas" para o superprivilegiamento das classes dominantes e o "controle da situação" por suas elites; outra, que resulta das interferências da dependência e dos subdesenvolvimentos nas estruturas e nos dinamismos na ordem social competitiva, e que se traduz por uma exarcebação das relações de poder orientadas politicamente ou especificamente políticas, já que o desenvolvimento capitalista dependente requer uma combinação especial de padrões democráticos e de padrões autoritários ou autocráticos de comportamento político. Os observadores estranhos se espantam com essas tendências, pois se veem tentados a pensar que "os latinos-americanos fazem política demais". No entanto, as composições, os riscos e as violências, que são necessários para "manter" ou "transformar" a ordem social competitiva sob o desenvolvimento capitalista dependente e a sociedade de classes correspondentes, indicam que não se faz política demais. As estruturas de poder suplementam ou reforçam as outras estruturas (econômicas, sociais ou culturais), fazendo-o com frequência em um sentido político. A impotência generalizada, que se evidencia através da incapacidade de transição para o desenvolvimento autodirigido, de solução dos problemas e dilemas sociais, que se reproduzem e se agravam de modo crônico, e mesmo de autorrealização de indivíduos, grupos ou classes, parcial ou totalmente marginalizados, impõe essa sobrecarga de saturação política normal do sistema do poder e dos mecanismos de controle ou de transformação da ordem social. Isso ocorre, não obstante, sob perda constante da eficácia das técnicas, instituições e valores políticos, incorporados ao sistema de poder e dentro de uma tendência, por assim dizer *estrutural*, à impregnação autocrática de padrões do comportamento político que "deveriam ser" democráticos. Nesse contexto, as associações profissionais, patronais e administrativas das classes privilegiadas adquirem uma intensa orientação política; e o Estado converte-se na instituição-chave, de autodefesa das classes privilegiadas e de controle da sociedade nacional pelas elites dessas classes.

  De modo geral, portanto, os requisitos políticos do desenvolvimento capitalista e das relações de classe reaparecem no "mundo burguês" da periferia. Com uma diferença notória apenas: o elemento político torna-se ainda mais decisivo para os mecanismos de estabilidade e de mudança da ordem social. Por causa da dependência e do subdesenvolvimento, o desenvolvimento capitalista passa a depender, em maior extensão e profundidade, de formas de dominação e de controles políticos simultaneamente "democráticos", "autoritários", e "autocráticos", o mesmo sucedendo com as "relações pacíficas" entre as classes sociais. O objetivo desta parte do presente trabalho consiste em mostrar como se processa a exacerbação do elemento político nas relações de classe e quais são as suas consequências, considerando-se três questões que parecem mais relevantes quanto às peculiaridades estruturais e dinâmicas da sociedade de classes sob o capitalismo dependente e subdesenvolvido.

Uma das questões refere-se às tendências autocráticas ou autoritárias do superprivilegiamento das posições de classe "altas" e "médias". A sociedade de classes repousa em um sistema de poder relativamente aberto e democrático (pelo qual se organiza e se perpetua a dominação burguesa). Todavia, se as classes dominantes aceitam a ordem social competitiva em vários pontos, exceto naqueles nos quais suas vantagens relativas poderiam ser real ou supostamente "prejudicadas", tendem a solapar e a bloquear, sistematicamente, o funcionamento do sistema de poder, que deveria ser relativamente aberto e democrático. Essa é a regra na América Latina. Enquanto perdurou o regime estamental em sua plenitude (ou alguma modalidade de combinação do regime estamental com o regime de castas), as elites dirigentes não tiveram problemas para conciliar sistemas axiológicos democráticos com práticas políticas substancialmente autocráticas ou autoritárias. Graças a essa possibilidade, tanto o presidencialismo quanto a monarquia constitucional funcionaram, de fato, como sistemas de governo autoritários, que deixavam espaço político para decisões e imposições autocráticas das elites dirigentes. A desagregação do regime estamental (ou do regime estamental e de castas) introduziu um desequilíbrio insanável entre os sistemas de governo, suas fontes de legitimação política e a prática autoritário-autocrática (que permaneceu inalterada). O que interessa pôr em evidência é que existe uma completa incompatibilidade entre o superprivilegiamento de classe, como fator de diferenciação social e de estabilidade nas relações de poder entre as classes, e a adoção de sistemas políticos constitucionais e representativos. A tentativa de conciliar o irreconciliável criou certas tendências, que são típicas da América Latina, e culminou numa crise crônica das instituições políticas. Provocou, em primeiro lugar, persistentes e fortes pressões das classes "baixas" (e por vezes também das classes "médias") contra os privilégios econômicos, socioculturais e políticos (ou contra sua fruição em circuito fechado). E levou, em segundo lugar, as classes "altas" e "médias" a enrigecer os controles políticos, numa reação extrema de autodefesa, que acabou se "institucionalizando". A crise que nasce desse jogo de contradições é estrutural e crônica. Na verdade, é impossível introduzir as "regras democráticas", como se diz, se algumas classes aceitam a ordem social competitiva apenas onde ela favorece a continuidade de perturbadoras desigualdades sociais e a rejeitam onde admite pressões corretivas, fundadas no uso legítimo da competição e do conflito nas relações de poder entre as classes. O desfecho da crise (nos países que não puderam superá-la) reflete como "democracia", "autoritarismo" e "autocracia" ainda se superpõem, dentro da ordem social competitiva, nas relações entre as classes. Enquanto o privilegiamento prevalece, o resultado mais frequente aparece em sistemas de governo aparentemente democráticos, mas que deformam a "democracia com participação ampliada", convertendo-a em uma variante da democracia restrita das velhas oligarquias. A exceção que confirma a regra surge onde as classes "baixas" logram oportunidades para contrabalançar ou desmantelar a hegemonia burguesa.

O que é importante, nesse quadro geral, é a tendência predominante a preservar o superprivilegiamento de classe, apesar (ou através) da constante reformulação constitucional das relações autocráticas e autoritárias. Essa tendência tem sido interpretada, por um grande número de ensaístas e de cientistas sociais, como um processo de transição, típico da "crise de crescimento" das nações novas (especialmente quando estão em vias de atingir o "capitalismo maduro"). Contudo, parece óbvio que, nas últimas quatro décadas, operou-se uma evolução política que é paralela à evolução do capitalismo dependente. À medida que os interesses, as posições e as formas de solidariedade das classes "altas" e" médias" se viram ameaçados pela classificação, mobilidade social e violência dos setores assalariados, pobres ou despossuídos, passou-se da conciliação para o endurecimento. Os resultados dessa metamorfose consubstanciam-se no aparecimento de um "*Estado democrático*" forte, capaz de "salvaguardar a democracia" e de "garantir o desenvolvimento com segurança". Esse Estado pode não ser uma utopia das burguesias latino-americanas, mas ele é o *Estado burguês* típico da América Latina capitalista, que se propõe sufocar pela força, já que não pode resolver as contradições de uma sociedade de classes dependente e subdesenvolvida. Ele concretiza o ideal político de uma democracia no tope, circunscrita às classes privilegiadas, e de ritualização dos processos eleitorais e representativos na base. Ele se assegura, por sua vez, "legitimação constitucional", conquistada "revolucionariamente" (isto é, pela violência a partir de cima), para o uso permanente de medidas excepcionais e discricionárias, aplicadas em favor da consolidação da hegemonia burguesa, em um período crítico de reorganização do capitalismo dependente na América Latina.

Dessa perspectiva, a relação entre classe e poder emerge de modo claro. A burguesia e a pequena burguesia estão tentando criar o *Estado democrático* de que carecem, para preservar ou fortalecer o superprivilegiamento de suas posições de classe e dar continuidade ao modelo de desenvolvimento capitalista por associação dependente. Em suas modalidades mais brandas e estáveis, esse Estado é autocrático e autoritário, basicamente pré-fascista. Nas modalidades mais "duras" e extremas, em que a "institucionalização da revolução" foi mais longe, esse Estado é totalitário e dissimuladamente fascista. Nas duas modalidades, a "ditadura tradicional" foi sepultada. Perdeu a eficácia, que teve até há pouco tempo, como instrumento da hegemonia burguesa. Os fins a serem preenchidos pelo "Estado democrático forte" são demasiado complexos para serem efetuados sem uma vasta engrenagem tecnocrática civil e militar, sem uma perspectiva técnica altamente modernizada e sem um envolvimento político mais consciente das classes "altas" e "médias" nos mecanismos de governo. Sob a égide e a proteção de tal Estado, o que se pretende é completar o ciclo da "revolução burguesa" dentro do capitalismo dependente. Os interesses privados, internos e externos, alcançam o apogeu de sua associação e "interdependência", logrando colocar a acumulação dual de capital e a apropriação repartida do excedente econômico nacional sob o patrocínio e o amparo direto do Estado (o que "institucionaliza", na verdade, a aceleração do desenvolvimento da economia privada por meios públicos e oficiais, e confere à burguesia o poder de "planificar" o crescimento econômico nacional).

A segunda questão diz respeito ao padrão de hegemonia burguesa que se pode estabelecer numa sociedade de classes dependente e subdesenvolvida. A literatura sociológica, parassociológica ou claramente ideológica insiste no conceito de oligarquia. A oligarquia, porém, foi uma realidade viva dentro da ordem estamental. Não desapareceu com a desagregação dessa ordem. Mas, perdeu o monopólio social do poder, fragmentando-se em diferentes subgrupos das classes "altas" (tanto mantendo suas características de "oligarquia tradicional", fundada em relações patrimonialistas e no uso autocrático das instituições democráticas, quanto reorganizando-se e modernizando-se, pelas novas maneiras de envolvimento na vida econômica, sociocultural e política). O fato é que, no clímax da internalização da revolução comercial – e que foi, em sentido literal, uma revolução urbano-comercial, pois se concentrou socialmente nas cidades e nas polarizações urbanas da economia rural – a hegemonia oligárquica foi substituída por um padrão compósito de hegemonia burguesa. Esse processo não ocorreu apenas nos países em que o clímax da revolução comercial coincidiu com processos definidos de integração do mercado em escala nacional. Também se desenvolveu nos países com economia de *enclave*. Inicialmente, as oligarquias, tradicionais ou modernas, recompuseram seu poder de dominação aceitando formas de associação privilegiadas com outros grupos ou subgrupos das classes "altas" e dos setores intermediários, em regra constituídos por agentes econômicos estrangeiros, comerciantes, profissionais liberais etc.; em seguida, porém, o número de grupos e subgrupos aumentou, o mesmo acontecendo com o número de seus participantes. A presença estrangeira sofreu uma diferenciação, em várias direções, e uma intensificação na área do financiamento do crescimento comercial e da produção para o mercado interno. Ao mesmo tempo, os setores intermediários converteram-se em classes "médias", escapando a vários controles oligárquicos ou adquirindo poder de barganha na arena política. Por isso, ao aburguesamento da oligarquia corresponde um processo mais amplo e complexo de aburguesamento das outras camadas sociais. O que importa ressaltar é que se constitui, de maneira relativamente rápida, uma espécie de hegemonia burguesa conglomerada, em que os interesses e a concepção do mundo ou do poder dos setores mais estáveis e consolidados aglutinaram a socialização econômica, sociocultural e política dos novos grupos e subgrupos. No plano morfológico, dois aspectos são marcantes nesse processo histórico-social: 1º) os parceiros estrangeiros das classes "altas", que participavam direta ou vicariamente do jogo econômico, tiveram também presença física e direta (e não apenas vicária, como se diz) na composição dessa hegemonia burguesa conglomerada; 2º) as classes "médias" ajustaram-se rapidamente aos interesses, das posições de classe e das formas de solidariedade de classe dos setores dominantes (o que converteu as classes "médias" em polarização política das classes "altas"). No plano dinâmico, dois são os aspectos que merecem ser postos em relevo: 1º) o privilegiamento dos interesses, das posições e das formas de solidariedade das classes "altas" ("nacionais" ou "estrangeiras") impôs-se como a fonte de recomposição das articulações econômicas, sociais e políticas dos diferentes grupos e subgrupos envolvidos; 2º) as concepções conservadoras (embora polarizadas em posições extremas, "liberais" e "reacionárias") impregnaram todas as relações e estruturas de poder emergentes, suscitando uma disposição totalitária de identificação da hegemonia burguesa com a "estabilidade da ordem" e os "interesses da Nação". A melhor palavra, de que se dispõe para designar essa conglomeração de posições, interesses, grupos e subgrupos, formas de solidariedade de classes e orientação básica no uso do poder político não é oligarquia, mas plutocracia. Esta última palavra traduz, de modo imediato, o que é compartilhado em comum e se erige em base do superprivilegiamento de classe, que é o poder fundado na riqueza, na disposição de bens e na capacidade de especular com o dinheiro (ou com o crédito).

Esse padrão de hegemonia burguesa é um produto do caráter dependente e subdesenvolvido da economia capitalista. A importância que nela adquirem os agentes econômicos estrangeiros e os polos econômicos externos reflete o padrão dependente de desenvolvimento capitalista. Doutro lado, a articulação quase mecânica de interesses setoriais potencialmente divergentes (e por vezes em conflito real), unidos pela defesa de privilégios análogos, reflete não só a existência mas a persistência do subdesenvolvimento. A hegemonia burguesa não se organiza em função dos interesses socioeconômicos e políticos que respondem a determinada fase de evolução do capitalismo. As fases se sucedem; ela permanece monolítica. A razão é simples: os arranjos para atender aos fins variáveis podem ser feitos sem alterá-la em sua substância e nos mecanismos de sua manifestação. Ela busca, acima de tudo, salvaguardar os privilégios econômicos, sociais e políticos, que são atingidos pelo monopólio social do poder e que se perpetuam mediante a apropriação repartida do excedente econômico nacional. Por isso, tal padrão de hegemonia burguesa anima uma racionalidade capitalista extremamente conservadora, na qual prevalece o intento de proteger a ordem, a propriedade individual, a iniciativa privada, a livre-empresa e a associação dependente, vistas como fins instrumentais para a perpetuação do superprivilegiamento econômico, sociocultural e político. Se se tem em mente as implicações políticas desse padrão de hegemonia burguesa, importam muito pouco se o que prevalece, na obtenção de consenso, é o sistema de conciliação (como na Argentina) ou o sistema de mobilização nacional (como no México). A hegemonia burguesa propõe-se sempre os mesmos fins, embora os métodos para alcançar os fins possam variar de um país a outro (graças às implicações políticas da predominância da conciliação ou da mobilização nacional nas relações de classe; ou, ainda, porque a mesma hegemonia pode exercer-se de modo totalitário, transitório ou permanente).

O padrão descrito de hegemonia burguesa explica os erros e os êxitos das classes "altas" e "médias" na América Latina, tanto nos países economicamente mais adiantados quanto nos países economicamente menos desenvolvidos. Ele leva uma política econômica (geralmente implícita ou apenas formulada mistificadoramente), que permitiu o uso maciço de recursos da coletividade, através do Estado, para promover o "progresso da empresa" (nacional ou estrangeira) e não o "processo da Nação", a "integração nacional" ou a "revolução nacional". Ele também facilita certas transigências viscerais, pelas quais se transfere para polos econômicos externos e para agentes econômicos estrangeiros a liderança das transições estruturais na organização da economia (como sucedeu, de maneira pouco visível, com a revolução comercial e acontece em nossos dias, de modo notório, com a revolução industrial). É nele que se funda, por fim, a filosofia exclusivista, que dá fundamento às tendências autoritárias e autocráticas das classes privilegiadas ou aos interregnos totalitários, quando se torna impossível salvar o *status quo* mantendo as aparências. Essa filosofia germinou e propagou-se através da formação e da consolidação da ordem social competitiva, nas condições descritas anteriormente. Supõe e impõe uma ideia-diretriz, segundo a qual os que não têm talento para manter o *status* atribuído ou para vencer por conta própria merecem ser excluídos e condenados à subalternização.

Tem-se discutido muito a crise hegemônica oligárquica. Mas, em compensação, discutiu-se muito pouco a outra face da questão. Aquela crise durou muito pouco; e, com frequência, o que se imputa a ela, como causas ou efeitos, é um produto da debilidade e da ambiguidade congênitas do novo padrão de hegemonia burguesa. Esse padrão de hegemonia de classe teve um resultado positivo, pois impediu que a competição e o conflito entre as classes privilegiadas ameaçassem o próprio privilegiamento, favorecendo de modo direto ou indireto a democratização da renda, do prestígio social e do poder. Do mesmo modo, ele alimentou as formas de articulação política que converteram os partidos, os parlamentos e os executivos em "meios de barganha", controlados pelas classes privilegiadas. E foi graças a ele que as fórmulas da *democracia forte*, importadas primeiro com o fascismo e mais tarde com as teorias de "desenvolvimento com segurança", penetraram os setores estratégicos das classes "altas" e "médias", encontrando viabilidade social. Por conseguinte, esse padrão de hegemonia explica, ao mesmo tempo: 1) por que as burguesias e as pequenas burguesias latino-americanas são incapazes, apesar de tudo, de fazer a "revolução dentro da ordem" que permitisse superar a dependência e o subdesenvolvimento através do capitalismo; 2) e por que se contentam com a "revolução institucional" (ou com a "institucionalização da revolução"), meio pelo qual apenas consolidam a continuidade da ordem existente, do desenvolvimento capitalista dependente e da marginalização das massas populares.

A terceira questão reporta-se às relações entre o poder político, inerente às classes sociais em presença, e as transformações estruturais da ordem social competitiva (nos termos de revolução "dentro" ou "contra" a ordem social vigente). O padrão compósito de hegemonia burguesa permitiu a criação de novas estruturas de poder, por meio das quais as classes privilegiadas restabeleceram o monopólio social do poder a partir do tope da sociedade nacional, adequaram a legitimação da ordem econômica, sociocultural e política ao privilegiamento de seus interesses, posições e formas de solidariedade de classe, e inovaram os seus controles sobre o Estado, tornando-os mais efetivos e eficientes para o tipo de "revolução dentro da ordem", que é aspirado por suas elites dirigentes. Esse tipo de "revolução dentro da ordem" possui uma polarização negativa, já que representa a continuidade e a intensificação da dependência e do subdesenvolvimento. Mas, de outro lado, devido aos interesses de classe particularistas e exclusivistas em jogo, possui polarizações positivas (pelo menos para tais interesses de classe): põe em curso a reorganização e a modernização das estruturas de poder, garantindo não só o "controle da situação", porém a mudança "dentro da ordem" e "com segurança" (isto é, sem afetar a extrema concentração de renda, do prestígio social e do poder, nem o padrão dependente de desenvolvimento capitalista). Sob esse aspecto, o novo Estado democrático-autoritário ou democrático-totalitário (conforme o país que se considere) é mais do que um "Estado burguês". É um *Estado tecnocrático*, submetido ao controle conservador das classes privilegiadas, graças à modernização das estruturas e funções do aparelho estatal. A centralização alcança o seu ponto culminante e, com ela, a "intervenção estatal" converte-se, de fato, no motor da revolução burguesa numa época difícil. O chamado modelo japonês ajudou a entender que a "intervenção estatal" pode ser usada pelas elites e pelas classes dominantes como o "braço público" da revolução burguesa. No entanto, foi só depois que as classes privilegiadas latino-americanas descobriram, sob incentivo e suporte norte-americanos, que as forças armadas podem ser um estabilizador do "jogo democrático", que a "intervenção estatal" acabou sendo aceita sem restrições, como o verdadeiro eixo da revolução burguesa "dentro" e "através" da ordem.

No contexto atual do uso do poder político estatal e das funções do Estado, as ramificações, as influências diretas ou indiretas, e a eficácia da plutocracia ampliaram-se e aprofundaram-se. O que antes só podia ser conseguido mediante tráfico de influências, corrupção ou coação, hoje pode ser feito de modo simples e direto, através da composição entre interesses privados (nacionais e estrangeiros) e as cúpulas políticas, militares ou tecnocráticas dos governos. Diferentes tipos de políticas "nacionais", de programas de "racionalização" e de "planificação estatal" canalizam as decisões, que interessam à "iniciativa privada" e mobilizam os meios para atingi-las. Em consequência, as associações de dominação vinculadas às classes privilegiadas sofreram forte intensificação de suas funções especificamente políticas, embora tivessem de passar por profundas alterações (especialmente quanto à articulação com outros grupos – políticos, militares e técnico-burocráticos – e quanto ao "estilo" de atuação política). E, o que é mais relevante, formaram-se identificações com a "ordem", a "segurança nacional", a "revolução institucional" e a "modernização", que amadureceram a consciência e as formas de solidariedade de classe da plutocracia em sentido realista. As classes privilegiadas entenderam que não podem ser "iluministas", "liberais" e muito menos "tolerantes". Acabaram acomodando-se à ideia de que não podem repetir o padrão europeu de revolução burguesa e que podem tirar maior proveito do *"pragmatismo político"*, que lhes ensina ser impossível conciliar capitalismo e democracia, sem abrir mão do seu superprivilegiamento relativo e sem atacar as iniquidades do subdesenvolvimento. Portanto, o resultado final dessa complexa evolução foi uma concentração ainda maior do poder político no tope, uma adulteração ainda maior do ritualismo democrático e uma desenvoltura sem contenções no uso do Estado para fins particularistas. As estruturas de poder em que se funda a hegemonia burguesa racionalizam-se, enquanto as demais estruturas da sociedade de classes evocam as realidades e os dilemas do subdesenvolvimento.

A evolução descrita refletiu-se nas orientações políticas dos grupos ou movimentos radicais das classes "altas" e "médias". Esses grupos e movimentos adaptaram-se, em massa, aos condicionamentos políticos da "revolução dentro da ordem" e estão sendo muito úteis como quadros intelectuais dessa revolução. Os que permaneceram fiéis a ideais humanitários ou a princípios radicais acham-se intimidados, praticamente isolados e marginalizados. As polarizações radicais eclipsaram-se e surgiram, em seu lugar, a aceitação do "jogo inteligente" ou o ostracismo político. A mesma evolução produziu efeitos ainda mais negativos nas classes "baixas". Estas se viram privadas de boa parte dos seus quadros dirigentes, quase sempre saídos das classes "médias", dos meandros reivindicativos do populismo e do reformismo nacionalista, bem como do espaço político em que podiam projetar seus interesses ou suas aspirações de classe "dentro da ordem". A intimidação e a repressão ou desintegraram seus movimentos políticos ou condicionaram a formação de mecanismos reivindicadores politicamente neutros. Esse duplo manejo modificou, pelo menos, as aparências da realidade. As classes "baixas", que lutavam com dificuldade para alcançar maior consciência de seus interesses de classe e, em especial, para desenvolver formas de solidariedade de classes politicamente eficientes, perderam momentaneamente grande parte do terreno ganho. A consolidação da democracia com participação ampliada, que parecia iminente, desviou-se de seu curso e revelou-se como ela é, uma democracia elitista, que somente intensifica e amplia a participação das classes "altas" e "médias".

A análise da "aceleração da história" pode ser feita em várias direções. É inegável que as classes "altas" e "médias" lograram manter a "revolução burguesa" dentro dos rumos que são possíveis, nas presentes circunstâncias, sob o capitalismo dependente. Nesse sentido, o pensamento conservador não só teve uma vitória política (como ela é entendida nos próprios círculos conservadores). A ação política conservadora revelou maior capacidade de iniciativa, unidade nascida do medo e inflexibilidade no uso da violência. Ao longo do processo, depurou-se das "ilusões liberais" e adquiriu racionalidade pragmática para continuar a se impor e para vencer, esmagando os adversários reais ou imaginários. Todavia, essa racionalidade é irracional. Repousa sobre uma autoafirmação negativa: para se realizar socialmente, as classes privilegiadas restabeleceram o pacto com um padrão de desenvolvimento capitalista, que reproduz a dependência e o subdesenvolvimento sob novas formas. É dentro desse contexto e sob essa perspectiva que se deve analisar, sociologicamente, as implicações políticas da "aceleração da história", provocada pelas atuais orientações práticas da hegemonia burguesa. Ela não é a "aceleração histórica" dos processos de integração nacional e de revolução nacional. Mas a "aceleração histórica" do desenvolvimento da empresa, da apropriação repartida do excedente econômico nacional e da espoliação do trabalho. Ao aceitarem as vias de "consolidação revolucionária da ordem" mais fáceis, as classes privilegiadas deprimiram ainda mais o estreito espaço político que se abria às classes "baixas", para que pudessem realizar-se "dentro da ordem", e praticamente suprimiram o espaço político que se abria à *radicalização consentida*. As aparências de êxito (especialmente quanto ao crescimento econômico e à estabilidade política) compensam, a curto prazo, semelhantes depressões no espaço político das classes "baixas" e do radicalismo tolerado. Contudo, essas classes e os resíduos dos grupos radicais não vão encontrar, a prazo médio, compensações para as perdas sofridas. Os problemas e os dilemas sociais existentes não serão resolvidos. Eles tenderão a se redefinir em novos níveis, mais complexos, assumindo formas mais graves. Apenas, irão encontrar porta-vozes mais impacientes, firmes e ousados, dispostos a só se arriscarem sob melhor organização política e através de embates decisivos. As experiências políticas em processo não aproveitam apenas às classes privilegiadas. Todos aprendem, em conjunto, e a lição que emerge, da "aceleração conservadora da história", é que só uma "revolução contra a ordem" pode servir de antídoto à "revolução institucional".

Se esta análise é correta, o superprivilegiamento de classe vem a ser o calcanhar de aquiles da "revolução burguesa" sob o capitalismo dependente. Ao se afirmarem como classes, negando às demais classes até as condições de existência como classes "dentro da ordem" e impondo à coletividade a persistência de iniquidades intoleráveis, as classes privilegiadas atingem o clímax do poder. Porém, iniciam ao mesmo tempo, com as próprias mãos, a desagregação da ordem social que as privilegia. Se o poder autocrático, a violência organizada e o egoísmo cego pudessem conter a evolução das sociedades humanas, a humanidade não teria tido história. Essa reflexão se aplica à presente situação da América Latina, na qual a sociedade de classes está, na realidade, repetindo o ciclo explosivo, que leva às revoluções inevitáveis, de origens estruturais. Negadas como e enquanto classes e na contingência de continuar arcando com iniquidades odiosas, não resta às classes "baixas" senão o caminho mais difícil, mas mais eficaz, da libertação pela contraviolência. Como tudo que sofrem é resultado da "consolidação da ordem" e da "defesa da livre-iniciativa e da livre-empresa", a contraviolência em questão se voltará espontaneamente contra a ordem e contra o capitalismo. As frustrações e as aspirações das massas poderiam ser canalizadas de outra maneira; mas não o estão sendo. O que hoje poderia eclodir como uma "negação da dependência e do subdesenvolvimento", amanhã eclodirá como uma afirmação do socialismo. Doutro lado, o radicalismo reformista, burguês ou pequeno burguês, perdeu viabilidade histórica. Poderá e irá, certamente, renascer, sob novas manipulações do populismo (civil ou militar) e do nacionalismo "revolucionário". Não existe, porém, clima para confiança política em reformas, numa era em que a "revolução dentro da ordem" impõe o mais cruel agravamento do *status quo*. Os "radicais" terão de decidir de que lado estão: pela continuidade da ordem ou pela revolução social.

Portanto, embora pareça que a "aceleração da história" se processa na direção da viabilidade final da sociedade de classes, o que se evidencia é o oposto. A consolidação da hegemonia burguesa, sob um Estado que institucionaliza a violência sistemática e legitima a contrarrevolução, contém dentro de si mesma o começo do fim. Ela fecha todos os caminhos à dignidade do homem, à liberdade e à igualdade. Por isso, deixa só um caminho para a instauração de uma sociedade democrática: o que passa sobre sua própria destruição. Não se pode consolidar o capitalismo por meios políticos, ainda que entre esses meios esteja o poder de uma superpotência, como os Estados Unidos. Se as estruturas de poder de uma sociedade de classes são totalmente abertas para as classes privilegiadas e relativa ou completamente fechadas para as demais classes, essa sociedade de classes está condenada ao desequilíbrio crônico e ao desaparecimento. Suas classes privilegiadas poderão preservar a ordem por certo tempo e, mesmo, impô-la durante algum tempo. Entretanto, não poderão deter a desagregação final. Na ânsia de promover a estabilidade da ordem, elas a destroem, concorrendo para liberar as forças sociais revolucionárias propriamente ditas. Como já sucedeu em outros lugares (e inclusive na América Latina), a verdadeira aceleração da história aparece com essas forças, através das quais as massas oprimidas e silenciosas impõem a sua versão do que é socialmente justo e necessário.

Bibliografia de referência

O presente trabalho foi escrito livremente. Pareceu-me difícil fazer uma análise concentrada de alguns casos especiais, mais bem conhecidos, porque me defrontaria, de qualquer maneira, com limitações empíricas insanáveis. Doutro lado, procurei evitar a impressão de que a bibliografia existente comporta qualquer espécie de discussão e, ainda mais, que pretendo escudar-me por trás das citações. Em larga medida, a discussão funda-se em conhecimentos que possuo de países economicamente mais avançados, nos quais a dependência é mais profunda e diferenciada e o subdesenvolvimento mais desenvolvido. Repetindo o que disse Marx do desenvolvimento capitalista na Inglaterra: esses países contêm a "constituição íntima" dos demais com maior clareza. Estudando-os, vemos melhor o que nos outros aparece embaçado. Se uns já estão no estágio da revolução industrial, e outros ainda se acham no da revolução comercial (nas condições em que ambas aparecem sob o capitalismo dependente), e se uns superaram a transição neocolonial e os outros ainda se debatem com muitos de seus problemas, isso é secundário. As gradações são evidentes na própria discussão, para o leitor que esteja interessado em compreendê-las, ou são mostradas nos livros cujos autores empenharam-se em identificar tais diferenças e pôr em relevo suas implicações.

A bibliografia deveria conter livros ou artigos de caráter conceptual, teórico e metodológico, bem como algumas das referências às obras nas quais se estudam a formação e o desenvolvimento do capitalismo na Europa, nos Estados Unidos e em outros países (especialmente o Japão). Achei melhor omitir tal bibliografia, por excessiva. Os leitores que estejam interessados em minha própria orientação metodológica e no modo pelo qual tenho tentado aproveitar as contribuições dos autores clássicos mais importantes, poderão esclarecer-se lendo outros trabalhos de minha autoria (no plano teórico e metodológico, cf. especialmente *Ensaios de sociologia geral e aplicada*, caps. 1 e 3; *Fundamentos empíricos da explicação sociológica*, parte II, *passim*; *Elementos de sociologia teórica*, caps. 3-5; *Mudanças sociais no Brasil*, p. 11-49; *Sociedade de classes e subdesenvolvimento*, p. 21-103; no plano conceptual, *Ensaios de sociologia geral e aplicada*, cap. 2). Por fim, a presente bibliografia de referência não pretende ser exaustiva. Muitas obras que foram lidas e aproveitadas, de uma forma ou de outra, não são mencionadas. O trabalho foi escrito em condições que não me permitiam esse cuidado. Apenas menciono algumas obras mais importantes ou que tiveram maior influência no meu julgamento. Nelas, o leitor encontrará referências bibliográficas, que completam essas indicações.

ADAMS, R. N. *The second sowing: power and secondary development in Latin America*, San Francisco, California, Chandler Publishing Co., 1967.

ADAMS, R. N. et al. *Social change in Latin America today: its implications for United States policy*, New York, Vintage Book, 1960.

ALBA, V. *Historia del movimiento obrero en América Latina*, México, Libreros Mexicanos Unidos, 1964.

ALEXANDER, R. J. *Labor relations in Argentina, Brazil and Chile*, New York, McGraw-Hill Book Co., 1962; *Organized labor in Latin America*. Glencoe, Ill., The Free Press, 1965.

BAGU, S. *Estructura social de la colonia. Ensayo de historia comparada de América Latina*, Buenos Aires, Librería "El Ateneo" Editorial, 1952.

BARAN, P. A. *A economia política do desenvolvimento econômico*, Trad. S. F. Cunha, Rio de Janeiro, Zahar Editores, 1960.

BASTIDE, R. *Les religions africaines au Brésil. Vers une sociologie des interpénétrations de civilisations*, Paris, Presses Universitaires de France, 1960.

_____ e FERNANDES, F. *Brancos e negros em São Paulo*, 2ª ed., São Paulo, Companhia Editora Nacional, 1959 (esp. cap. II).

BEIGUELMAN, P. *A formação do povo no complexo cafeeiro:* aspectos políticos, São Paulo, Faculdade de Filosofia, Ciências e Letras, USP, 1968.

BIANCHI, A. et al. *América Latina. Ensayos de interpretación económica*, Santiago del Chile, Editorial Universitária, 1969.

BORDA, O. F. *La subversión en Colombia. El cambio social en la historia*, Bogotá, Departamento de Sociología, Facultad de Ciencias Humanas, Universidad Nacional y Ediciones Tercer Mundo, 1967.

CABEZAS, B. G. *América Latina una y múltipla*, Santiago del Chile, Desal, 1968.

CAMPOS, G. G.; BORDA, O. F. e LUNA, E. U. *La violencia en Colombia. Estudio de un proceso social*, Facultad de Sociología, Universidad Nacional, 1962 (1º vol.), Ediciones Tercer Mundo, 1964 (2º vol.).

CANDIDO, A. *Os parceiros do Rio Bonito:* estudo sobre o caipira paulista e a transformação dos seus meios de vida, Rio de Janeiro, Livraria José Olympio, 1964.

CARDOSO, F. H. *Politique et développment dans les sociétés dependants*, Paris, 1971; *Mudanças sociais na América Latina*, São Paulo, Difusão Europeia do Livro, 1969; *Empresário industrial e desenvolvimento econômico no Brasil*, São Paulo, Difusão Europeia do Livro, 1964; *Capitalismo e escravidão no Brasil meridional*, São Paulo, Difusão Europeia do Livro, 1962.

_____ e FALETTO, E. *Dependencia y desarrollo en América Latina*, México, Siglo Veintiuno Editores, 1969; "Industrialización, estructura ocupacional y estratificación social en América Latina", Santiago del Chile, Cepal, 1966.

_____ e IANNI, O. *Cor e mobilidade social em Florianópolis*, São Paulo, Companhia Editora Nacional, 1960.

CARMONA, F. et al. *El milagro mexicano*, México, Editorial Nuestro Tiempo, 1970.

CASANOVA, P. G. *Las categorías del desarrollo económico y la investigación en ciencias sociales*, México, Instituto de Investigaciones Sociales, Universidad Nacional Autónoma de México, 1967; *La democracia en México*, 2ª ed., México, Ediciones Era, 1967; *Sociología de la explotación*, México, Siglo Veintiuno Editores, 1969.

CECEÑA, J. L. *México en la órbita imperial*, México, Ediciones "El Caballito", 1970.

CENTRO Latino-Americano de Pesquisas em Ciências Sociais, Nações Unidas, *Situação social da América Latina*, Rio de Janeiro, 1965.

CENTRO para el Desarrollo Económico y Social de América Latina, *América Latina y desarrollo social*, Santiago del Chile, Desal, 1965 (2 vols.).

COMISIÓN Económica para América Latina (CEPAL). *El proceso de industrialización en América Latina*, New York, United Nations, 1965; *External financing in Latin America*, New York, United Nations, 1965; *El segundo decenio de las Naciones Unidas para el desarrollo; El cámbio social y la política de desarrollo en América Latina*, Santiago del Chile, Naciones Unidas, 1969; "La distribución del ingreso en América Latina", *Boletín Económico de América Latina*, XII-2, 1967, p. 152-175; *El desarrollo económico y la distribución del ingreso en la Argentina*, New York, United Nations, 1968.

DEBRAY, R. *Revolution in the revolution? Armed struggle and political struggle in Latin America*, New York, Grove Presses, Inc., 1967.

DONGHI, H. *Historia contemporánea de América Latina*, Madrid, Alianza Editorial, 1969.

FAORO, R. *Os donos do poder*. Formação do patronato político brasileiro, Porto Alegre, Globo, 1958.

FERNANDES, F. *Sociedade de classes e subdesenvolvimento*, Rio de Janeiro, Zahar Editores, 1968; *The Latin American in residence lectures*, Toronto, University of Toronto, 1969-1970; *A integração do negro na sociedade de classes*, São Paulo, Dominus/Editora da Universidade de São Paulo, 1963 (2 vols.); *A sociologia numa era de revolução social*, São Paulo, Companhia Editora Nacional, 1963; *Mudanças sociais no Brasil*, São Paulo, Difusão Europeia do Livro, 1960; *Fundamentos empíricos da explicação sociológica*, 2ª ed., São Paulo, Companhia Editora Nacional, 1967; *Ensaios de sociologia geral e aplicada*, São Paulo, Livraria Pioneira, 1960; *Elementos de sociologia teórica*, São Paulo, Companhia Editora Nacional/Editora da Universidade de São Paulo, 1970.

FORACCHI, M. M. *O estudante e a transformação da sociedade brasileira*, São Paulo, Companhia Editora Nacional, 1965.

FRANCO, M. S. Carvalho. *Homens livres na ordem escravocrata*, São Paulo, Instituto de Estudos Brasileiros da Universidade de São Paulo, 1969.

FRANK, A. G. *Capitalism and underdevelopment in Latin America*, 2ª ed., New York and London, Monthly Review Press; 1969; "The underdevelopment policy of the United Nations in Latin America", *Nacla Newsletter*, III-8, dez. 1969, p. 1-9; "Sociology of development and underdevelopment of sociology", *Catalyst*, University of Buffalo, nº 3, 1967, p. 20-73.

FURTADO, C. *Formação econômica da América Latina*, 2ª ed., Rio de Janeiro, Lia Editora, 1970; *Subdesenvolvimento e estagnação na América Latina*, 2ª ed., Rio de Janeiro, Civilização Brasileira, 1968; *A hegemonia dos Estados Unidos e o futuro da América Latina*, Rio de Janeiro, Associação Brasileira de Independência e Desenvolvimento, 1966; "Obstáculos políticos ao crescimento econômico do Brasil", *Revista Civilização Brasileira*, Rio de Janeiro, nº 1, 1965, p. 129-145.

_____ et al. *Brasil: tempos modernos*, Rio de Janeiro, Paz e Terra, 1968.

GARCIA, A. *La estructura del atraso en América Latina*, Buenos Aires, Editorial Pleamar, 1969.

GERMANI, G. *Sociología de la modernización*, Buenos Aires, Editorial Paidós, 1969; *Política y sociedad en una época de transición*, Buenos Aires, Editorial Paidós, 1966.

GRACIARENA, J. *Poder y clases sociales en el desarrollo de América Latina*, Buenos Aires, Editorial Paidós, 1967.

HARRIS, M. *Patterns of race in the America*, New York, Walker and Company, 1964.

HAUSER, P. M. (Org.). *L'urbanisation en Amérique Latine*, Paris, Unesco, 1962.

HIRSCHMAN, A. O. *Política econômica na América Latina*, Trad. C. W. de Aguiar e J. A. Fortes, Rio de Janeiro, Fundo de Cultura, 1965.

HOROWITZ, I. L. *Urban politics in Latin America*, Louisiana, Washington University, 1965.

_____; CASTRO, J. de e GERASSI, J. (Orgs.). *Latin American radicalism*, New York, Vintage Books, 1969.

IANNI, O. *Imperialismo y cultura de la violencia en América Latina*, México, Siglo Vientiuno Editores, 1970; *O colapso do populismo no Brasil*, Rio de Janeiro, Civilização Brasileira, 1968; *Estado e capitalismo*. Estrutura social e industrialização do Brasil, Rio de Janeiro, Civilização Brasileira, 1966; *Industrialização e desenvolvimento no Brasil*, Rio de Janeiro, Civilização Brasileira, 1963; *As metamorfoses do escravo.* Apogeu e crise da escravatura no Brasil meridional, São Paulo, Difusão Europeia do Livro, 1962.

IMAZ, J. L. de. *Los que mandan*, Buenos Aires, Eudeba, 1964.

INSTITUTO Latinoamericano de Planificación Económica y Social, Naciones Unidas, *La brecha comercial y la integración social Latinoamericana*, México, Siglo Veintiuno Editores, 1967.

JAGUARIBE, H. *Desenvolvimento econômico e desenvolvimento político*, 2ª ed., Rio de Janeiro, Paz e Terra, 1969.

JOHNSON, J. J. *Political change in Latin America: the emergence of the middle sectors*, Stanford, California, Stanford University Press, 1958; *The military and society in Latin America*, Stanford, California, Stanford University Press, 1964.

KHAL, J. A. *The measurement of modernism. A study of values in Brazil and Mexico*, Austin and London, The University of Texas Press, 1968.

_____; ZENTENO, R. B. e LOPES, J. R. B. *Comité sobre recursos humanos (estado libre asociado de Puerto Rico)*; SOARES, G. A. D. et al. *La industrialización en América Latina*, México y Buenos Aires, Fondo de Cultura Económica, 1965.

LAMBERT, L. *América Latina:* estruturas sociais e instituições políticas, Trad. L. Lourenço de Oliveira, São Paulo, Companhia Editora Nacional e Editora da Universidade de São Paulo, 1969; *Os dois Brasis*, 2ª ed., Companhia Editora Nacional, 1967.

LIEUWEN, E. *Generals vs. presidents*, New York, Frederick A. Praeger, Publs., seg. imp., 1965.

_____ et al. *Militarismo e política na América Latina*, Trad. W. Dutra, Rio de Janeiro, Zahar Editores, 1964.

LIPSET, S. M. e SOLARI, A. E. (Orgs.). *Elites in Latin America*, New York, Oxford University Press, 1967.

LOPES, J. B. *Desenvolvimento e mudança social:* formação da sociedade urbano-industrial no Brasil, São Paulo, Companhia Editora Nacional e Editora da Universidade de São Paulo, 1968; *Crise do Brasil arcaico*, São Paulo, Difusão Europeia do Livro, 1967; *Sociedade industrial no Brasil*, São Paulo, Difusão Europeia do Livro, 1964.

MARTINS, L. *Industrialização, burguesia nacional e desenvolvimento*, Rio de Janeiro, Saga, 1968; "Formação do empresariado industrial no Brasil", *Revista Civilização Brasileira*, III-13, 1967, p. 91-131.

MÉTRAUX, A. et al. *Resistências à mudança*, Rio de Janeiro, Centro Latino--Americano de Pesquisas em Ciências Sociais, 1960.

OBREGÓN, A. Q. "El movimiento campesino del Perú y sus líderes", *América Latina*, VIII-4, out.-dez. 1965.

O'CONNOR, J. *The origins of socialism in Cuba*, Ithaca, Cornell University Press, 1970.

NAVARRETE, I. M. de. "La distribución del ingreso en México" en *El perfil de México en 1980*, vol. I, México, Siglo Veintiuno Editores, 1970.

NUN, J. *América: La crisis hegemónica y el golpe militar*, reprodução de *Desarrollo económico*, jul.-dez. 1966, vol. 6, nº 22 e 23, p. 355-415.

_____ et al. "La Marginalidad en América Latina", *Revista Latinoamericana de Sociología*, Buenos Aires, v. 2, 1969.

PEREIRA, L. *Trabalho e desenvolvimento no Brasil*, São Paulo, Difusão Europeia do Livro, 1965; *Ensaios de sociologia do desenvolvimento*, São Paulo, Livraria Pioneira, 1970; *Estudos sobre o Brasil contemporâneo*, São Paulo, Livraria Pioneira, 1971; *O magistério primário numa sociedade de classes*, 2ª ed., São Paulo, Livraria Pioneira, 1969.

PETRAS, J. e ZEINTLIN, M. (Orgs.). *Latin America: reform or revolution?*, New York, Fawcett Publications, 1968.

PINTO, A. *Chile, un caso de desarrollo frustrado*, Santiago del Chile, Editorial Universitaria, 1959.

PINTO, L. A. C. *Desenvolvimento econômico e transição social*, Rio de Janeiro, Instituto de Ciências Sociais, Universidade Federal do Rio de Janeiro, 1967; *Sociologia e desenvolvimento*, Rio de Janeiro, Civilização Brasileira, 1953; *O negro no Rio de Janeiro, relações de raças numa sociedade em mudança*, São Paulo, Companhia Editora Nacional, 1953.

PRADO JÚNIOR, C. *A revolução brasileira*, São Paulo, Brasiliense, 1966; *Formação do Brasil contemporâneo*: colônia, São Paulo, Livraria Editora, 1942.

PREBISCH, R. *Hacia una dinámica del desarrollo latinoamericano*, Mar del Plata, Cepal, 1963.

QUEIROZ, M. I. P. de. *O messianismo no Brasil e no mundo*, São Paulo, Dominus Editora/Editora da Universidade de São Paulo, 1965; "Les classes sociales dans le Brésil actuel", *Cahiers internationaux de sociologie*, vol. XXXIX, 1965, p. 137-169.

QUEIROZ, M. Vinhas de "Os grupos multibilionários", *Revista do Instituto de Ciências Sociais*, Rio de Janeiro, 2-1, 1965.

RIBEIRO, D. *As Américas e a civilização*, Rio de Janeiro, Civilização Brasileira, 1970.

RIVAROLA, D. M. e HEISECKE, G. (Orgs.). *Población, urbanización y recursos humanos en el Paraguay*, Asunción, Centro Paraguayo de Estudios Sociológicos, 1969.

RODRIGUES, J. A. *Sindicato e desenvolvimento no Brasil*, São Paulo, Difusão Europeia do Livro, 1966.

RODRIGUES, L. M. *Industrialização e atitudes operárias*, São Paulo, Difusão Europeia do Livro, 1966.

SANTOS, T. dos. *El nuevo carácter de la dependencia*, Santiago del Chile, Universidad de Chile, 1968; *Socialismo o fascismo, dilema latinoamericano*, Santiago del Chile, Ediciones Prensa Latinoamericana, 1969.

SILVERT, K. H. *La sociedad problema: reacción y revolución en América Latina*, New Orleans, The Hauser Press, 1961.

_____ (Org.). *Expectant peoples. Nationalism and development*, New York, Random House, 1963.

SIMÃO, A. *Sindicato e Estado*, São Paulo, Dominus Editora/Editora da Universidade de São Paulo, 1966.

SINGER, P. *Desenvolvimento econômico e evolução urbana:* análise da evolução econômica de São Paulo, Blumenau, Porto Alegre, Belo Horizonte e Recife, São Paulo, Companhia Editora Nacional/Editora da Universidade de São Paulo, 1968.

STAVENHAGEN, R. *Essai comparatif sur les classes sociales rurales et la stratification des quelques pays sous-développés*, Paris, École Pratique des Hautes Études, 1964.

STEIN, S. J. e STEIN, B. H. *The colonial heritage of Latin America, essays on economic dependence in perspective*, New York, Oxford University Press, 1970.

TELLA, T. S. di. *El sistema político argentino y la clase obrera*, Buenos Aires, Eudeba, 1964.

TOURAINE, A. "Industrialisation et conscience Ouvrière à São Paulo", *Sociologie du Travail*, Paris, out.-dez., 1961, p. 77-95; "Sociologie du dévelopement", *Sociologie du Travail*, abr.-jun. 1963, p. 156-174; "Mobilidade social, relações de classe e nacionalismo na América Latina", *Difusão*, São Paulo, nº 4, 1971, p. 14-26.

URQUIDI, V. I. *Viabilidad económica de América Latina*, México, Fondo de Cultura Económica, 1962.

VEKEMANS, R. et al. *Marginalidad en América Latina*, Santiago del Chile, Desal-Editorial herder, 1968.

VELIZ, C. (Org.). *Obstacles to change in Latin America*, New York, Oxford University Press, 1965.

VRIES, E. de e ECHAVARRIA, J. M. (Orgs.). *Aspectos sociales del desarrollo económico en América Latina*, Paris, Unesco, 1962 (2 vols.).

WAGLEY, C. *The Latin American tradition, essays on the unity and the diversity of Latin American culture*, New York and London, Columbia University Press, 1968.

_____; HARRIS, M. *Minorities in the new world. Six case studies*, New York, Columbia University Press, 1958.

WEFFORT, F. C. *Classes populares e política (Contribuição ao estudo do "populismo")*, Faculdade de Filosofia, Ciências e Letras, Universidade de São Paulo, 1968.

WOLF, M. *Las clases medias en Centro América: características que presentam en la actualidad y requisitos para su desarrollo*, Santiago del Chile, Cepal, 1960; *Recent changes in urban and rural settlement patterns in Latin America: some implications for social organization and development*, Santiago del Chile, Cepal, 1966.

UNIÃO Pan-Americana. *Materiales para el estudio de la clase media en América Latina*, Washington, D. C., 1950-1951 (6 vols.).

Capítulo III

Sociologia, Modernização Autônoma e Revolução Social*

Introdução

Vivemos uma época difícil, de grandes conflitos e contradições, e de grandes esperanças e realizações. Toda época de *crise de civilização* possui as duas dimensões. Uma, de "destruição do que é estabelecido"; outra, de "construção do que é novo". Essas duas fases não são sucessivas. Elas se entrecruzam no tempo e no espaço histórico-sociais, na atuação dos homens e dos grupos humanos, no funcionamento, na desorganização e na reintegração da economia, da sociedade e da cultura. Os que vivem os momentos mais diretamente vinculados aos períodos em que as transições efetivas se desencadeiam e atingem a capacidade de perpetuação do padrão existente de civilização, sofrem com maior intensidade os pequenos dramas individuais e os grandes dramas coletivos da referida crise. Os que lutam pela "sobrevivência do estabelecido" como os que lutam pela "construção do que é novo" defrontam-se como inimigos e arrostam abalos morais, psicológicos e políticos que criam insegurança permanente, inquietação e frustração.

O sociólogo não é menos humano que os demais membros da sociedade. Ele não está menos submetido ao destino comum e não é menos

---

* Redigido em abril de 1970. Apresentado como comunicação ao *X Congresso Latino-Americano de Sociologia*, realizado em Santiago do Chile, entre 28/8 e 5/9 de 1972.

suscetível de sofrer confusão moral, psicológica e política. Pode-se admitir, mesmo, que apesar das aparências em contrário (não deveria o sociólogo ter *uma atitude racional* diante da própria crise de civilização? Não estaria ele mais protegido pelo treinamento científico e pelo isolamento às pressões externas contraditórias?), o sociólogo não dispõe de caminhos mais inteligentes nem de saídas mais fáceis. Se porventura ele é menos afetado, isso só chega a acontecer se estiver disposto a alienar-se dos outros e da vida, neutralizando-se como sociólogo e anulando as ligações dinâmicas da Sociologia com o próprio fluxo histórico de reconstrução da civilização.

Em vista da experiência que colhi, ao longo de minha vida, acho que a Sociologia, como forma de pensamento, de conhecimento da realidade e de inspiração prática não vale a pena, sob qualquer modalidade de "neutralização". A questão não é tanto de *inflacionamento político* das categorias sociológicas de conhecimento teórico, empírico ou aplicado, embora seja isso que preocupe mais os que atacam a Sociologia como "arma da subversão" ou como "expediente contrarrevolucionário da burguesia". Mas, especificamente, a de saber-se para o que serve a Sociologia, desde que encarada, definida e praticada como ramificação da ciência.

Hoje já não se pode alimentar as ilusões iluministas, humanitárias e moralistas dos cientistas dos séculos XVIII e XIX, resíduos de uma herança filosófica idealista e pré-científica. A utopia da "revolução através da e pela ciência" perdeu consistência. Primeiro, porque a ciência e suas irradiações práticas na "tecnologia moderna" foram por igual absorvidas e controladas por forças sociais extra e anticientíficas. Como matriz de um conhecimento racional, ele não teve potencialidades para destruir o contexto irracional dentro do qual se fomentou sua expansão teórica e sua conversão em força prática. Segundo, porque a libertação do homem por novas formas de organização social se deu de modo parcial e incompleto. A única revolução, que poderia gerar o ambiente externo e o clima de valores requeridos pela ciência, é a que poderia resultar do socialismo igualitário e democrático. Esse socialismo continua a ser uma forte esperança, mas não surgiu até hoje em nenhuma parte do mundo. É provável que se constitua, pois sem ele a chamada "civilização ocidental" – e com ela a ciência e a tecnologia produzidas pela ciência – estará condenada a uma evolução perversa e ao colapso. Todavia, enquanto o que se chamou de socialismo científico não se converter em realidade histórica, a "revolução através da e pela ciência" será o que tem sido: um "progresso material" desarticulado de qualquer "progresso social", pelo qual uma tecnocracia despótica subjugará a ciência, negando-a como fonte de racionalização dos controles do homem sobre a natureza, a sociedade e a cultura, ou degradando-a como fonte de liberação do horizonte intelectual do homem.

Vendo a realidade presente, especialmente a realidade da América Latina, a partir desse pano de fundo, não sou pessimista nem em relação às perspectivas de evolução do socialismo e, através dele, da ciência e da tecnologia, nem com referência ao futuro da América Latina. A *transição difícil* é muito mais contraditória e violenta, quando o que se desagrega é a forma assumida pela "civilização ocidental moderna" sob uma organização tão complexa e poderosa quanto o capitalismo. De outro lado, o "socialismo nascente" vem contaminado pelo capitalismo, não só porque tem de recorrer a recursos simétricos para combatê-lo, vencê-lo e destruí-lo, mas muito mais porque as fases iniciais de concentração de poder envolvem uma corrupção inevitável dos ideais democráticos do socialismo. Por fim, a América Latina não está propriamente "atrasada" nem muito menos "condenada" historicamente. Os governos ditatoriais, a exacerbação da violência contrarrevolucionária e até novas versões de fascismo dissimulado são evidências de que o "atraso" chegou ao fim e de que uma nova era já começou nas últimas duas décadas, embora de maneira sombria e dolorosa.

Essas reflexões podem parecer marginais e irrealistas. No entanto, eu as julgo necessárias, pelo menos para delimitar um estado de espírito e uma posição de confrontação. Quando se trata de discutir as relações da Sociologia com o desenvolvimento na América Latina, a natureza da ciência, a crise do padrão de civilização e as potencialidades do socialismo entram em questão. Até recentemente, os economistas, os sociólogos, os antropólogos, os historiadores e os cientistas políticos dedicaram muita atenção à dependência: aos seus fatores e efeitos, como produto de uma civilização que submeteu a América Latina ao "mundo ocidental moderno" (primeiro, sob as formas do colonialismo e do neocolonialismo; em seguida, sob as formas do capitalismo dependente). Para fazer o diagnóstico e explicar a situação, era preciso pôr em relevo as formas e as consequências do colonialismo, do neocolonialismo e do capitalismo dependente. O processo de autonomização entrava no quadro descrito como uma condição negativa, isto é, como algo frustrado e negado. Na fase atual, em que os diagnósticos já foram feitos e na qual só falta estabelecer sua síntese crítica, a dependência como estado de negação interessa muito menos que a autonomia revolucionária (como "revolução dentro da ordem", se em algum lugar da América Latina a burguesia revelar-se bastante forte para lograr o que nunca fez, uma revolução nacional e a criação de um "novo capitalismo"; e como "revolução contra a ordem existente", como se fez em Cuba, colocando-se um ponto final no processo de descolonização e iniciando-se a revolução nacional através do socialismo). Em vista disso, é preciso projetar-se a Sociologia em um quadro histórico muito amplo, que compreende a realidade presente mas, ao mesmo tempo, sob a intenção de transformá-la e de superá-la.

O tema proposto não pode ser discutido aqui por completo. Limitei-me a certas sugestões que me parecem estrategicamente mais importantes: os requisitos da explicação sociológica quando esta se identifica com rupturas e transições que transcendem e negam a ordem existente; as relações da Sociologia com a modernização controlada e orientada por forças internas autônomas e revolucionárias; em que sentido a Sociologia constitui uma matriz intelectual de conhecimentos potencialmente revolucionários. Se insisto no significado da Sociologia e na importância da explicação sociológica em uma situação de crise histórica profunda, não o faço por intelectualismo. A Sociologia, como a ciência em geral, não é uma força sociocultural por si mesma. Para que ideais e categorias de pensamentos científicos se convertam em outra coisa, é preciso que se liguem, de um modo ou de outro, com as atividades sociais por meio das quais os homens criam e modificam, socialmente, a história de seus países, de seus continentes, do mundo. Até agora, a Sociologia (e com ela os sociólogos) nunca passou de "serva do poder". Mas isso não se deu porque a Sociologia esteja condenada a ser e a manter-se uma "ciência burguesa". A razão é outra. As universidades, os centros de pesquisas e os condicionamentos exteriores da própria sociedade impregnaram a Sociologia (e com ela os sociólogos) de orientações ideológicas que neutralizaram todas as dimensões do conhecimento sociológico que possam transcender e negar a ordem social existente (e, portanto, ajudar a superá-la). A maioria dos sociólogos adaptou-se, por treinamento e por outros motivos, a essa conformação mais ou menos imposta e dirigida. Por sua vez, os movimentos que se propõem a revolução social não fizeram mais que agravar e intensificar tal condicionamento destrutivo, à medida que foram menos inteligentes e imaginativos, tanto no emprego da Sociologia quanto no uso dos cientistas sociais. A Sociologia sofreu, portanto, uma dupla deformação, que nos compete corrigir e retificar, para chegarmos a explicações adequadas a mudanças que não podem ser concebidas e efetuadas sem conhecimento científico prévio da realidade.

Dogmatismo e explicação sociológica

A primeira barreira que se ergue ao conhecimento da realidade é de ordem crítica. A Sociologia não é uma "ciência geral", no sentido de proporcionar explicações válidas para todas as sociedades humanas; tampouco é uma "ciência do particular", cujas explicações se esgotem nos eventos descritos ou nos fatos interpretados. Isso não significa que as teorias sociológicas sejam (ou devam ser) construídas como "teorias de alcance médio". Afirmar que uma teoria tem um "alcance médio" não quer dizer muita coisa. Para evitar-se jogos de palavras inúteis, o melhor seria voltarmos ao uso de alguns conceitos que já foram aplicados pelos cientistas sociais do século passado. No nível da organização e da evolução das sociedades humanas, dois conceitos imprescindíveis são o de *civilização* (na acepção utilizada por Comte) e o de *sistema de produção* (na acepção utilizada por Marx). Poder-se-ia asseverar que um sistema de produção, em um certo estágio de desenvolvimento, implica um dado tipo de civilização, em determinada fase de sua evolução. A questão está em saber-se, portanto, qual é o sistema de produção que organiza as relações humanas no espaço e no tempo sociais; e qual é a civilização correspondente a partir da qual se poderá saber em que sentido os processos histórico-sociais envolvidos são repetitivos, irreversíveis ou uma mistura de ambos. Se pensarmos na América Latina, apesar da variedade das civilizações pré-colombianas ou pré-cabralinas e das civilizações que entraram em contato graças à escravização de diversos contigentes africanos, a civilização que prevaleceu e que oferece alternativas históricas – seja para a implantação e a defesa da ordem social vigente; seja para alterá-la, destruí-la e superá-la – é a "moderna civilização ocidental". Em função dessa civilização, capitalismo e socialismo são os polos que configuram a "ordem existente" e a sua negação e superação. O sistema de produção, absorvido como parte de um processo de expansão da civilização, não é *nativo* e tampouco engendrou linhas autônomas de desenvolvimento interno. Todavia, se ele não reproduz a Europa ou os Estados Unidos na América Latina, configura uma realidade de vida que é altamente similar à que existiu e continua a existir na Europa e nos Estados Unidos. Muitas condições econômicas, psicossociais e socioculturais, internas e externas à organização da vida humana, marcam as diferenças do capitalismo que se tornou viável na América Latina e as suas confrontações com as alternativas socialistas. Nenhuma dessas condições, não obstante, é bastante forte para criar linhas de evolução separadas dos processos civilizatórios predominantes e comuns.

Essas constatações são centrais para a nossa análise. O que não foi destruído pela civilização transplantada e pela expansão do sistema de produção capitalista, que ela supõe, permanece presente e mesmo chega a influenciar o modo, a intensidade e os rumos dos processos de modernização desencadeados. Mas, o que é essencial, não impede a modernização como algo que se organiza de fora para dentro, nem oferece outras alternativas históricas de evolução sociocultural autônoma (convergente ou divergente). Em consequência, as similaridades que existem em relação ao mundo capitalista da Europa e dos Estados Unidos comportam formas de existência social, ritmos históricos e alternativas extremas de mudança cultural progressiva ou revolucionária. O que significa que conceitos fundamentais, técnicas de investigação e teorias, elaborados pelos sociólogos no estudo do mundo capitalista europeu ou norte-americano, também se aplicam a essa realidade humana. Não só a civilização é a mesma. O sistema de produção prende-se ao mesmo circuito de afirmação e de negação das fases historicamente objetivadas daquela civilização. As qualificações necessárias, que marcam o que é típico e o que é variável no contexto histórico-cultural da América Latina, emergem diretamente, por sua vez, do modo pelo qual o capitalismo se configurou em "nosso mundo" como realidade histórica. Um capitalismo originariamente superposto a um sistema de produção colonial e que só ganhou maturidade e impulso históricos através dos dinamismos externos e internos do "capitalismo industrial" e do "capitalismo monopolista", na Europa e nos Estados Unidos. Esse capitalismo supõe e alimenta as mesmas estruturas econômicas, sociais e políticas. Mas possui outra história, porque não nasceu de um desenvolvimento autossustentado, não se beneficiou da espoliação colonial (pois sofreu-a), nem exprime as convergências de três revoluções interdependentes (a agrícola, a urbana e a industrial). As qualificações históricas, portanto, completam e alargam o quadro estrutural. Sob o mesmo padrão de civilização e o mesmo sistema de produção, deparamos com um capitalismo organizado para absorver e preservar a dominação externa. A hegemonia burguesa contém e exprime, em consequência, uma composição de classes e dinamismos econômicos, sociais e políticos nos quais interesses de classe externos, variavelmente extra ou antinacionais, concorrem para determinar a "evolução histórica possível". Doutro lado, esse capitalismo cresce e se deprime, a um tempo, por alocação de seus próprios recursos materiais e humanos no desenvolvimento das economias centrais, em torno das quais se organizam os referidos interesses de classe externos. Portanto, nos limites históricos, "revolução dentro da ordem" significaria conquista de autonomia dentro do "desenvolvimento capitalista", superação do crescimento por incorporação ao espaço econômico, sociocultural e político das nações capitalistas hegemônicas e da superpotência capitalista. Enquanto que "revolução contra a ordem existente" envolve algo mais complexo: uma real ruptura com o passado e com o presente, bem como a criação de um novo patamar evolutivo. O paradoxo dessas qualificações históricas fica evidente quando se consideram as perspectivas dos dois tipos de revolução social. A primeira, colocaria a América Latina em condições de atingir o ano 2000 numa situação estrutural comparável à dos países adiantados da Europa no período da revolução industrial. Em termos latino-americanos, esse avanço histórico relativo equivaleria a uma "nova fronteira", na qual se completaria a formação dos Estados-Nações e se iniciaria o desenvolvimento capitalista autossustentado. A segunda, criaria um real "salto histórico", já que a opção socialista colocaria a América Latina no cerne mesmo da crise do padrão de civilização inerente ao sistema de produção capitalista. Em termos latino-americanos, esse avanço histórico relativo equivaleria a duas revoluções simultâneas, em face do qual a eliminação do controle econômico externo e da expropriação capitalista como realidades históricas seriam menos produtos da "negação da negação" (ou seja, da supressão do imperialismo como entidade econômico-política). O lado positivo do avanço em questão aparece na construção de uma nova economia, de uma nova cultura e de uma nova sociedade, em suma, de "um novo homem" e de "uma nova história", inspirados na concepção socialista do mundo.

Essa digressão não pretendia ser completa. E ela foi feita tendo em vista o debate central: qual é a linguagem que se deve empregar na Sociologia, quando se pretende estudar o capitalismo que prevalece na América Latina. Há conceitos e conceitos, técnicas de investigação e técnicas de investigação, teorias e teorias. Dadas as condições estruturais e a situação histórica descritas, uma coisa parece evidente. Não se pode escapar a conceitos, técnicas de investigação e teorias que se comprovaram como adequados à análise e à interpretação da formação, evolução e crise do capitalismo na Europa e nos Estados Unidos. Por dogmatismo, há quem diga que retomar certos conceitos, técnicas de investigação e teorias seria ou "mistificar a realidade" ou supor "uma realidade inexistente". Porque a hegemonia burguesa compreende estruturas e dinamismos determinados a partir de fora, supõe-se que ela é menos vigorosa, eficiente e historicamente determinante. No entanto, *explicar sociologicamente* pressupõe mais do que usar certas categorias gerais e abstratas (ou colocar fatos em certas "gavetas", como diria o prof. Smelser). Se a digressão feita anteriormente foi bem entendida, existe uma clara tensão entre as estruturas, que foram criadas na América Latina através do colonialismo, do neocolonialismo e do capitalismo dependente, e os ritmos históricos, produzidos pela civilização transplantada ou pelos dramas humanos do subdesenvolvimento. Descrever os aspectos estruturais desse capitalismo dependente não é matéria de somenos. Qualquer dogmatismo que limite ou deturpe essa tarefa terá consequências negativas – não só de uma perspectiva intelectual e para a Sociologia. As diversas vias, que podem conduzir ou à "revolução dentro da ordem" ou à "revolução contra a ordem", estarão bloqueadas ao pensamento crítico e, por consequência, à ação prática, se não contarmos com um conhecimento adequado desse "mundo em transformação histórica".

Todavia, a *importação* de conceitos, técnicas de investigação e teorias tem de ser complementada por um saber que leve em conta os elementos variáveis, mais ou menos exclusivos do tipo de capitalismo implantado na América Latina (com suas condições de dinamização e crescimento ou suas perspectivas de transformação e colapso). Nesse plano, a "história provável" é tão essencial ao entendimento sociológico das realidades existentes quanto as categorias que permitem perceber e explicar o que é estrutural. O capitalismo dependente é duplamente vulnerável, por se fundar na apropriação privada dos meios de produção e por impor a dominação externa como o *"eixo do sistema"*. Isso não quer dizer que ele esteja por si mesmo condenado ao desaparecimento. Pois as transformações mais recentes, ligadas à expansão do capitalismo monopolista, tanto podem intensificar a dependência de tipo ultraespoliativo quanto podem suscitar novas transições da "revolução dentro da ordem" sob permanente controle externo (industrialização e reintegração financeira por mecanismos internacionais e sem autonomização nacional). Tais transformações oferecem novas alternativas para a revolução burguesa como processo econômico, embora mantenham a alta desigualdade social, dentro de ritmos crescentemente mais altos de crescimento econômico, e aumentem o desgaste dos papéis políticos das burguesias latino-americanas, novamente impossibilitadas de levar a cabo autênticas revoluções nacionais. Doutro lado, mesmo essas transições, induzidas de fora para dentro através de dinamismos econômicos internacionais, provocam mudanças estruturais e geram, por meio deles, conflitos sociais e crises políticas. As oportunidades de aproveitar os momentos mais vulneráveis não se repetem. Os que pretendem uma alternativa socialista para o capitalismo ou apenas suprimir o caráter dependente do capitalismo precisam conhecê-las com precisão. Do contrário, em vez de trabalharem por um objetivo ou por outro, irão ajudar a fortalecer a recomposição, em processo, do capitalismo dependente. Eis aí por que a dimensão diferenciadora e histórica é essencial. Nenhuma teoria "importada" traz consigo esses elementos de previsão, que precisam ser captados e construídos a partir da natureza do capitalismo dependente nas sociedades da América Latina.

    Esta discussão também comporta um corolário. É interessante que a chamada "sociologia clássica" europeia e a "sociologia empírica" norte-americana da década dos 1930 ou dos 1940 sejam muito mais "importáveis" e "utilizáveis" que as recentes elucubrações *sistemáticas*. À medida que se desenvolve nos Estados Unidos uma ciência social com pretensões generalizadoras, "analíticas" e pseudocomparativas (que melhor se qualificaria como "construtiva" e "especulativa") e à medida que esse modelo também se impõe nos centros universitários europeus, a contribuição recente dos cientistas sociais norte-americanos e europeus para a problemática descrita anteriormente é quase nula. Já se fez o inventário dessa produção intelectual quanto à Sociologia (conforme C. Wright Mills, *A imaginação sociológica*). Também já se apontou que ela se explica pela condição de isolamento dos cientistas sociais nos

Estados Unidos.[1] Privados de movimentos sociais de cunho socialista, o intelectual (em geral) e os cientistas sociais (em particular) estariam condenados a neutralizar-se, como agentes do pensamento crítico. Entretanto, não seria demais acrescentar-se outra razão. As nações capitalistas hegemônicas – não importando a escala de sua grandeza – experimentam um tipo de capitalismo no qual há margem tanto para uma autonomia relativa de desenvolvimento econômico, cultural e político quanto para a prática da dominação como uma relação ativa (diante de nações "subdesenvolvidas", "em desenvolvimento" ou de "desenvolvimento capitalista mais débil"). Elas se beneficiam da hegemonia em diferentes planos, quer absorvendo excedente econômico de nações dependentes ou neocoloniais, quer impondo a estas seus padrões de valores, de conhecimento e de tecnologia, quer aumentando as vantagens de sua posição estratégica em fins propriamente políticos. Por conseguinte, é normal que tendam a estimular a neutralização do pensamento crítico diante dos efeitos negativos do capitalismo dependente e do neocolonialismo. Poder-se-ia dizer que "a ideologia das nações capitalistas hegemônicas é a ideologia das nações capitalistas dependentes e das sociedades neocoloniais". Não se pode esperar que a produção científica liberadora, nesse nível, seja criada nos centros de investigação e de ensino daquelas nações. Se quisermos dispor desse tipo de conhecimento, teremos de produzi-lo por nossos próprios meios. Do mesmo modo, se pretendermos que ele seja usado praticamente, teremos de torná-lo acessível à percepção média dos não especialistas e de forçar o aparecimento de controles reativos favoráveis a sua utilização prática. As universidades, os centros de pesquisas e os serviços de aplicação ou de tecnologia, como estão organizados atualmente, não se ajustam a essa função. Moldados pelos valores, pelos modelos e pelos fins que prevalecem em instituições análogas nas nações hegemônicas, ignoram ou negligenciam essa necessidade.

Assim como devemos nos preocupar com o "conhecimento a ser produzido", devemos dedicar igual interesse às possibilidades de sua aplicação prática e do seu emprego em fins políticos. Não importa, nesse nível – que é de divulgação e de difusão do conhecimento já produzido – que o investigador e o cientista assumam papéis de "propagandista" ou de "agitador". Se o conhecimento é preciso e útil, é imperioso que se converta em fonte de transformação da sociedade subdesenvolvida e dependente. Ao contrário de alguns colegas, acredito que também importa pouco a natureza da transformação que se atinja (a "revolução dentro da ordem" ou a "revolução contra a ordem"). O ponto mais vulnerável do capitalismo dependente e do neocolonialismo está na dominação externa. Quebrá-lo e lograr

---

1 Cf. C. Lasch, *The agony of the American Left*, New York, Vintage Book, 1969, cap. 2.

crescente autonomia de desenvolvimento econômico, sociocultural e político é em si mesmo um objetivo relevante. Privadas do sustentáculo externo, as burguesias latino-americanas possuem, nas presentes condições, escassas possibilidades de controle absoluto do poder. Não poderão manter a atual orientação conservantista de resistência obstinada à mudança estrutural e tampouco impedir que outros grupos sociais se incorporem às estruturas de poder, atingindo condições para influenciar o funcionamento do Estado e para reduzir ou quebrar o monopólio do poder político estatal pelos setores dominantes das classes alta e média.

Ciência e modernização autônoma

Dos períodos da "conquista" até hoje, os povos da América Latina só conheceram um tipo de modernização induzida e dependente. Na fase colonial, o controle do processo se fazia nos diferentes níveis de decisão, em que se envolviam os agentes e as instituições do colonialismo: do governo metropolitano e das agências que controlavam a economia colonial às forças armadas, à Igreja Católica e aos colonos. Posteriormente, no período que se poderia qualificar como neocolonial,[2] o controle externo da modernização passou a ser pouco visível. A eclosão de um mercado capitalista propriamente moderno exigia novas instituições, técnicas sociais e orientações de valores. A Inglaterra, principalmente, proporcionou esses elementos, com pequenos grupos de agentes humanos aptos a dinamizar a transição nos principais polos urbanos, capazes de servir como núcleos iniciais da modernização institucional e de irradiá-la para outros polos urbanos secundários. Em seguida, conhecemos dois períodos de dominação de tipo imperialista. Um, com predomínio europeu (embora em certas áreas os norte-americanos tivessem uma presença marcante ou mesmo dominante), no qual a incorporação ao espaço econômico, sociocultural e político do "capitalismo moderno" respondia às próprias exigências da emergência e da expansão do sistema de produção capitalista nos países latino-americanos. A mercantilização do trabalho livre e a integração nacional dos mercados internos impunham novas linhas de absorção de ideias, instituições, valores e técnicas sociais. Toda uma nova infraestrutura econômica estava sendo construída[3] e a acumulação de capital,

---

2 Cf. F. Fernandes, *The Latin American in residence lectures*, Toronto, University of Toronto, 1969-1970, p. 5-7.
3 Esse processo é típico dos países latino-americanos que lograram um mínimo de integração e de controle nacionais de suas economias estatais de poder (cf. F. Cardoso e E. Faletto, *Dependencia y desarrollo en América Latina*, México, Siglo Veintiuno Editores, 1969).

como um processo básico de diferenciação econômica, de estratificação social e de desenvolvimento urbano-comercial ou urbano-industrial, aparecia como o *fiat* da evolução histórica interna. As similaridades estruturais com as sociedades centrais, a fusão e dissimulação de interesses privados "nacionais" com interesses privados "estrangeiros" através das instituições econômicas, sociais e políticas, a aparência de que os centros de decisão estavam se autonomizando ao mesmo tempo em que se internalizavam e, principalmente, a ilusão de que a cultura importada era uma fonte de autonomização cultural, econômica e política, forjaram uma consciência falsa da situação. Assim, ignorou-se o que representava a modernização dependente e criou-se um estado de trepidante euforia, que proclamava cada "progresso importado" como uma conquista valiosa, seja para a "independência nacional", seja para a "consolidação da democracia". Na verdade, sucedia o inverso e os principais proventos da modernização dependente eram colhidos pelos países hegemônicos, que substituíram um colonialismo arcaico, caro, arriscado, ineficiente e facilmente condenável, por um processo menos oneroso, menos evidente, mas mais efetivo de controle externo por mecanismos de mercado, dinamismos culturais e processos políticos indiretos. Não se estudaram muito bem tais aspectos da evolução econômica, cultural e política da América Latina. Todavia, é provável que, em um século, países como a Inglaterra, a França, a Alemanha e outros (como os Estados Unidos, nesse período) retiraram da América Latina mais que espanhóis e portugueses nos "séculos dourados" do colonialismo direto. Em nossa época, a coincidência entre os efeitos desse tipo de crescimento (que criou um mercado interno atraente e em expansão ou consideráveis potencialidades de industrialização) com as transformações do capitalismo no exterior fomentou um novo imperialismo, organizado, como o antigo colonialismo, a partir de dentro. Esse imperialismo requeria um padrão de modernização ao mesmo tempo intensivo, extensivo e exigente. Já não se tratava apenas de dar o impulso e captar os resultados; mas de fornecer, juntamente com ideias, instituições, técnicas e valores sociais, o dimensionamento da economia, da cultura e da sociedade (como *devem* organizar-se e funcionar escolas, empresas industriais ou financeiras, o exército, a família, o Estado etc.). O contexto histórico mundial é diferente. Através da incorporação ao espaço econômico, sociocultural e político do "mundo capitalista", a América Latina projeta-se nos conflitos internacionais e vê-se envolvida nas grandes decisões que giram em torno da crise da "civilização ocidental moderna". A modernização dependente equivale, agora, à colonização portuguesa e espanhola. Só que ela se desenrola através de instituições, estruturas sociais e econômicas, ou orientações de valores que não são coloniais. Cada índice de "crescimento" – nos diferentes níveis de organização da economia, da sociedade e da cultura – representa um passo a mais na incorporação ao espaço econômico, sociocultural e político do "mundo livre". Em nome da "liberdade" e da "livre-iniciativa" o que se faz é intensificar a dominação externa, sem limitações, e revitalizar distâncias econômicas, sociais e políticas que estariam condenadas ao desaparecimento. O meio para manter-se essa transição – que não tem enfrentado a repulsa e a oposição que deveria receber – é a intensificação do monopólio social do poder político estatal. Portanto, é nessa esfera que a modernização dependente acentua-se com maior vitalidade, impelindo a transformação das formas autoritárias de governo presidencialista (ligadas à dominação oligárquica tradicional, à democracia restrita ou à democracia ampliada conforme o país considerado), em governos definidamente totalitários (embora formalmente embricados a "regimes constitucionais e democráticos"). Dessa forma, a evolução interna do capitalismo dependente e a evolução externa do capitalismo monopolista se completam. O abuso econômico e social se casa com o abuso político, proliferando uma modalidade de modernização dependente que atinge os níveis mais profundos da consciência da pessoa e do controle ativo dos dinamismos da sociedade de massas.

Esse bosquejo não é pessimista, embora seja dramático. A "história como emancipação", na evolução da América Latina, foi negada de fora para dentro e de dentro para fora. Não pretendo discutir como isso se deu. Mas assinalar se a ciência – em nosso caso as Ciências Sociais – pode ou não ser um fator que ajude a romper e a superar essas tendências de modernização. Muitas questões se impõem ao debate. Pretendo considerar apenas duas ou três, que se inserem diretamente nos marcos deste debate.

Uma questão muito importante diz respeito à relação existente entre o grau de desenvolvimento científico-tecnológico de um país e às possibilidades de criar um padrão de modernização relativamente autônomo. Para muitos, essa relação é quantitativa. A emergência e a consolidação de processos de modernização autônoma dependeriam de um certo teto tecnológico-educacional mínimo e da capacidade do país considerado de produzir uma certa massa de conhecimentos originais nas esferas da ciência pura, da ciência aplicada e da tecnologia de base científica. Na verdade, ambos os requisitos são muito mais significativos para países que já alcançaram intenso grau de desenvolvimento científico-tecnológico e são forçados a manter uma alta velocidade de crescimento, para não perderem distância relativa diante de outros países em situação similar. São, portanto, requisitos competitivos, que não podem ser encarados como revelantes para os países que pretendem lograr pelo menos um certo grau de autonomia possível. Em uma discussão preliminar, com vistas a esses países, interessaria muito mais determinar de que contexto civilizatório se está tratando e as gradações que existem entre heteronomia, autonomia e hegemonia.

Se um país é, ao mesmo tempo, subdesenvolvido e dependente, e está incorporado ao espaço econômico, sociocultural e político do "mundo capitalista", a conquista de autonomia progressiva de desenvolvimento científico-tecnológico é muito difícil. A exportação de excedente econômico; a educação copiada de fora; a pesquisa científico-tecnológica apenas adaptada a fins secundários, de segunda mão e de demonstração; a falta de uma política de integração nacional agressiva e revolucionária etc., convertem a heteronomia (ou dependência) numa condição permanente, em contínua diversificação e intensificação. Há crescimento, em todas as esferas, tanto quantitativo quanto qualitativo. Trata-se, porém, do crescimento necessário para manter, ampliar e intensificar a incorporação ao espaço econômico, sociocultural e político dos países hegemônicos. Tais países contam com ritmos velozes de desenvolvimento e precisam recondicionar, continuamente, as relações de dependência, para que os países heteronômicos compartilhem de suas transformações na escala em que isso se torne essencial para preservar a dominação externa e aumentar seus saldos. A economia e a política formam dois polos que comprimem, a partir de fora e a partir de dentro, as possibilidades de superação do subdesenvolvimento científico-tecnológico. No contexto do "mundo socialista" também existem, pelo menos em nossa época, incorporação e dependência. Contudo, o socialismo excluiu a expropriação e a apropriação do excedente econômico como dinamismo estrutural, extirpando o resíduo colonial nas relações entre as nações que pertencem ao mesmo círculo civilizatório. A dependência passa a ter um polo dominante de natureza política, embora orientado para todos os níveis de desenvolvimento da economia, da sociedade e da cultura. Pode-se entender essa situação em termos do período de *transição difícil* para o comunismo e também em função de uma defesa intransigente de revolução socialista, imposta pelas pressões constantes dos próprios países capitalistas. Por vezes, os países socialistas mais avançados acabam complicando a preservação e os êxitos da revolução socialista nos países menos desenvolvidos ou apenas dependentes. Como sucedeu com o capitalismo, existem várias vias para a realização do socialismo. Os modelos que alcançaram maior eficácia na Rússia, na China, na Iugoslávia ou em Cuba podem não ser os melhores para países que se defrontam ou com condições muito peculiares ou com obstáculos mais severos (uma variável que não depende somente do fervor revolucionário, já que a vitalidade da hegemonia burguesa e, especialmente, a intensidade das pressões contrarrevolucionárias dos países capitalistas constituem dois fatores históricos de capital relevância). Ainda assim, no contexto socialista os principais problemas com o desenvolvimento científico-tecnológico não nascem dos obstáculos à autonomização progressiva. Mas da transição muito rápida para novos modelos de pensamento científico e tecnológico, que dão plena liberdade à combinação e interinfluenciação de motivos teóricos, empíricos e práticos inerentes ao saber científico e ao saber científico-tecnológico. Tais combinações foram e são sufocadas no contexto capitalista, ou porque a ciência e a tecnologia científica são apêndices do processo de acumulação de capital, ou porque o uso social do talento é regulado de forma competitiva e exclusivista (a *chance* de aproveitamento de talentos não depende de aptidões intelectuais mas de condições econômico-sociais).

O conceito de hegemonia aparece ligado à ánalise marxista. O mesmo não sucede com os conceitos de autonomia e de heteronomia (propostos por Weber). Os três conceitos encontram uma aplicação corrente, que escapa às definições iniciais. Ignorando-se o debate acadêmico, entretanto, parece claro que um país pode conseguir um grau de autonomia relativa quanto ao desenvolvimento científico-tecnólogico, sem possuir componentes hegemônicos (ou possuindo componentes hegemônicos muito fracos). Do mesmo modo, um país hegemônico, em termos de desenvolvimento científico-tecnológico, pode importar grande parte do estoque de invenções, de talentos e de tecnologias de outros países (hegemônicos, autônomos ou heteronômicos). No contexto capitalista, a hegemonia é uma condição essencial. Países que passam dessa condição para outra, de simples autonomia (quanto ao desenvolvimento científico-tecnológico), correm o risco de se verem convertidos, a curto ou a largo prazo, em países heteronômicos. Doutro lado, a internacionalização do sistema de produção capitalista – e do respectivo mercado de bens, de serviços e de capitais – tende a deslocar o eixo do processo dos "controles nacional-estatais" para monopólios organizados supranacionalmente (o que redunda em vantagem da metrópole central, por uma questão de alocação de fatores materiais e humanos). No conjunto, esses processos e tendências favorecem duas entidades, as superpotências e as empresas gigantes; e tornam mais difíceis os *momentos de decisão nacional*, até para os países hegemônicos de segunda grandeza. No contexto socialista, mesmo onde existam influências dominantes bem definidas, os objetivos, a curto e a largo prazo, são de rápida transição para os graus possíveis de autonomização relativa do desenvolvimento científico-tecnológico. A consolidação da revolução socialista, interna e externamente, impõe esse requisito com um "mínimo histórico". De qualquer maneira, o país subdesenvolvido e dependente, que importa ciência e tecnologia científica, sempre enfrenta decisões políticas para se assegurar o máximo de autonomia relativa em seu desenvolvimento científico-tecnológico. Se está preso ao contexto capitalista, mesmo sob a hipótese de preservação e de expansão do "sistema", o ponto zero do desenvolvimento científico-tecnológico relativamente autônomo começa quando é possível *cortar* a incorporação ao espaço econômico, sociocultural e político dos países hegemônicos (portanto, através de uma "revolução dentro da ordem"). Tanto os Estados Unidos quanto o Japão lograram rápida autonomização relativa do desenvolvimento científico-tecnológico nas fases iniciais e intermediárias da revolução burguesa usando esse artifício. Conhecimentos, técnicas e talentos eram importados, uns ou outros em massa, mas a sua utilização obedecia a propósitos que não eram definidos, impostos e comercializados a partir de fora. Dada a presente situação do mundo capitalista, a "continentalização" e a "internacionalização" das estruturas econômicas, socioculturais e políticas tornam essa saída cada vez mais difícil, o que converte a ruptura através da revolução socialista numa necessidade histórica. No contexto socialista, por sua vez, as decisões políticas não são menos importantes. Um país subdesenvolvido, que se libera nacionalmente pela revolução socialista, e por meio dela procura expandir a ciência e a tecnologia científica, passando gradualmente da absorção ativa para a produção original, precisa necessariamente estabelecer as linhas do seu próprio desenvolvimento científico-tecnológico.

Outra questão importante relaciona-se com as bases socioeconômicas e culturais do processo de desenvolvimento científico-tecnológico autônomo. A ilusão intelectualista tem levado filósofos, cientistas e ensaístas a pensar que o processo em questão envolve apenas os intelectuais, as universidades e os centros ou serviços devotados à pesquisa científica e tecnológica. Todavia, a realidade é muito diferente. Se considerarmos os países mais desenvolvidos da América Latina, veremos que mesmo neles a ruptura com a modernização dependente não se impõe como uma aspiração intelectual coletiva e, muito menos, como um momento de decisão política nacional. A incorporação ao espaço econômico, sociocultural e político de nações hegemônicas como os Estados Unidos, a França, a Inglaterra, a Alemanha etc. criou laços, "tradições" e obrigações de lealdade que são tenazes e difíceis de romper. Para se manter a possibilidade da autonomização relativa, é necessário um largo e intenso intercâmbio com certos países científica e tecnologicamente mais avançados. Portanto, o contrapeso da permanente e considerável influência externa deve ser encontrado em identificações e valores que combinem a absorção de conhecimentos, técnicas de investigação e talentos importados com uma forte intensificação da produção original. Poder-se-ia dizer que os meios são trazidos de fora; suas combinações e produtos são determinados a partir de dentro. Tal processo esbarra em vários obstáculos. Primeiro, os países hegemônicos não estão dispostos a facilitar semelhante ruptura. Perdido o controle em um nível, é mais ou menos certo que perderão em outros. Em consequência, à medida que surgem novos centros de educação, de pesquisa científica e tecnológica, e de uso planejado do conhecimento científico-tecnológico, as influências externas se tornam mais específicas, alienadoras e atrofiantes. Os ritmos que mantêm a influência externa possuem maior vitalidade e velocidade que os ritmos das instituições latino-americanas. No fim, estas aceitam modelos inócuos ou contraproducentes, porque seus educadores, cientistas e tecnologistas preferem preservar o nível de prestígio vinculado à associação com os *centros mais avançados*! De outro lado, há influências que são organizadas e que acarretam um propósito deliberado de canalizar e orientar a mudança de acordo com os interesses da dominação externa e de sua contrapartida nos interesses de classe dos setores dominantes internos. Muitos programas educacionais (em todos os níveis do ensino) de "desenvolvimento" da ciência e da tecnologia científica foram montados com esse fim, nem sempre dissimulado. Segundo, como a ideologia da nação hegemônica se converte na ideologia das nações dependentes (através da hegemonia burguesa e das funções estabilizadoras do poder político estatal), os intelectuais não escapam a certas debilidades e, mesmo, a certos vícios. Em vez de dedicarem atenção à crítica de todo o processo e de se prepararem para lhe dar novos conteúdos e direções, transformam-se numa fronteira histórica invisível dos próprios países hegemônicos, operando dentro das instituições em que trabalham como seus porta-vozes e delegados. Assim, o suporte institucional do desenvolvimento da ciência e da tecnologia científica é solapado e não chega a funcionar como um mecanismo de conquista gradual (ou brusca) da autonomização relativa.

 Essa barreira pode ser vencida. No entanto, é duvidoso que se consiga isso, sem a transformação prévia ou concominante da estrutura da sociedade e da distribuição do poder. Enquanto pequenos grupos privilegiados mantiverem o monopólio social do poder, será impossível libertar o intelectual (como categoria social) do fascínio pelos "centros avançados" e, ainda menos provável, liberar a educação, a ciência e a tecnologia do controle externo, visível ou invisível. A transição da modernização dependente para a modernização autônoma requer, pelo menos, um momento de decisão política nacional. E esse momento é improvável sem extensa democratização das estruturas sociais e de poder, sem que novos grupos estimulem ou forcem os intelectuais a fazer uma revolução em sua óptica intelectualista, e sem que a própria sociedade possa forjar novos usos alternativos da ciência e da tecnologia científica.

 Por fim, caberia indagar se a Sociologia pode ser útil à modalidade de emancipação cultural que estamos discutindo, e que tipo de explicação sociológica se adptaria melhor a essa função. A Sociologia não pode ser concebida como o fulcro central da transformação, pois este se encontra nos próprios processos histórico-sociais pelos quais os grupos e classes em presença tentam modificar a ordem existente. Portanto, se a Sociologia é importante para tais fins, a sua importância é instrumental, e só adquire eficácia prática quando os conhecimentos sociológicos são absorvidos e dinamizados por comportamentos coletivos que desencadeiam, reforçam e consolidam mudanças sociais de natureza revolucionária (como "revolução dentro da ordem" ou como "revolução contra a ordem"). O que pressupõe uma forma de explicação capaz de apreender as situações de existência como elas se apresentam aos agentes humanos empenhados em preservá-las ou em modificá-las numa escala que afete o padrão de integração da ordem social; e, em segundo lugar, capaz de estabelecer relações entre meios e fins de acordo com os processos de mudança social revolucionária, assim configurados historicamente. Nos países capitalistas hegemônicos, a Sociologia estuda a modernização de uma perspectiva muito abstrata e geral. É como se o sociólogo sucumbisse à necessidade de diluir a verdade, contentando-se com explicações aproximadas, em si mesmas mistificadoras. Do "tradicional" ao "moderno" – como se houvesse um motor na história, gerando nos "povos submetidos" ou seus antípodas, os "povos conquistadores". Os dois últimos conceitos não são utilizados; todavia, esse é o sentido da explicação. Aos poucos ou rapidamente, o "tradicional" é vencido e o "moderno" se impõe, através de uma generosa generalização do progresso e, quem sabe, da última era das luzes. No entanto, a quem beneficia a modernização? Como ela se organiza a partir das nações que incorporam as outras em seus espaços econômicos, socioculturais e políticos? O que ela representa como destruição, como um processo perverso de alocação de recursos materiais e humanos, ou como uma deformação insuperável de estados sociais irrecuperáveis? Que relação existe entre ela e a absorção de padrões de desenvolvimento induzido pelo mais forte, graças aos quais *crescimento*, *subdesenvolvimento* e *dependência* passam a configurar uma realidade histórica inexorável? Essas e outras questões são fundamentais para o sociólogo que estude a modernização com o intento de conhecer, para eliminá-los, os nexos negativos e os processos histórico-sociais que escravizam umas nações a outras (ou a impérios empresariais). Quando o sociólogo do "mundo desenvolvido" e naturalmente "modernizador" neutraliza tais variáveis, a sua explicação neutra deixa de ter qualquer utilidade (teórica, empírica ou prática). Ela oculta o que precisa ser conhecido e omite o que não deve ser explicado, para que a modernização continue o "melhor dos mundos possíveis" para os polos imperiais. De fato, as nações que vivem na *modernidade* e da difusão da *modernidade* não precisam do sociólogo para organizar e melhorar esses processos, que fazem parte de uma *tecnologia modernizadora* (a qual não é transferida nem "vendida" para os povos a serem modernizados). Por aí se compreende como e por que um processo que possui origens e consequências econômicas, uma cultura especializada própria, dimensões militares e funções políticas centrais seja reduzido a uma puro "processo psicológico" (ou psicossocial) de caráter *natural* e *geral*.

O verdadeiro estudo sociológico, que não é nem pode ser neutro, caminha noutra direção. Para ele, a modernização dependente precisa ser descrita em todos os seus aspectos, como diria Mauss, como um "fenômeno total", visto em suas estruturas, em suas funções e em sua história. Há muitas razões que militam em favor do desmascaramento da modernização dependente. As nações que modernizam as outras, ao escravizá-las, também se escravizam. O que pensar do que sucede aos Estados Unidos por causa do Vietnã? Não seria melhor se as decisões políticas fossem menos tecnocráticas, menos estreitamente egoístas e destrutivas? Por sua vez, as nações que sofrem a modernização não têm nenhuma razão para desejar a sua continuidade, tal como se configurou desde os inícios da "expansão do mundo ocidental" até nosso dias. Poucas sociedades "tradicionais" são como o Vietnã do Norte e possuem o seu poder de resistência. Se as civilizações que se submetem e se destroem não podem resistir, construindo sua própria modernidade, isso quer dizer que existe uma tecnologia modernizadora sem as compensações de uma tecnologia contramodernizadora. A explicação sociológica que explique a modernização dependente como um fenômeno histórico total pode iluminar criticamente a percepcão do homem comum e suas reações societárias de autodefesa coletiva. Desde que a modernização é imposta de fora, torna-se impossível evitar a mudança e, mesmo, a aceleração da história. A alternativa que se apresenta é a de absorver o impacto, de orientar a modernização a partir de dentro e por vias autônomas. Seja nos moldes de uma explicação empírica estrutural-funcional, seja segundo um modelo dialético de explicação, nesse plano é evidente que a Sociologia se torna útil e necessária, repondo opções que não podem ser ignoradas. Para controlar a modernização, que não se pode evitar, é preciso enfrentá-la com armas equivalentes. À mudança imposta e dirigida de fora, pode-se contrapor a mudança proposta e dirigida de dentro, através de uma "revolução dentro da ordem" ou de uma "revolução contra a ordem". Muitos grupos e classes sociais, por interesses particularistas e egoístas, podem não gostar e até se oporem a essa fórmula. Mas ela responde a uma realidade possível, que não se torna história por falta de "decisões internas" suficientemente fortes. Poderiam dizer que tal Sociologia traz uma carga política e ideológica. O mesmo não sucede com a outra, com sua falsa neutralidade? Esconder a possibilidade de tal fórmula já não é uma adesão de caráter político e ideológico às alternativas que favorecem as nações "modernizadoras"? A autonomização cultural, antes de objetivar-se como processo histórico, aparece como um momento teórico da consciência crítica. A ciência é instrumental nos dois níveis e sua contribuição não pode ser ignorada (nem perdida) pelos povos que hoje são vítimas da modernização, quando poderiam governá-la e transformá-la em um processo de liberação coletiva.

Sociologia e revolução social

Isso nos coloca diante da reflexão central. Até hoje, tem-se procurado definir as relações da Sociologia com a mudança social de uma forma ambígua. Os sociólogos representaram seus papéis intelectuais de uma maneira iluminista e etnocêntrica. A problemática teórica, empírica e prática da Sociologia estaria inserida na vinculação do conhecimento sociológico com o controle racional da mudança social. No limite extremo de sua formulação, essa visão aparece na célebre obra de Mannheim, *Homem e sociedade em uma época de reconstrução social*. Seria injusto arquivar-se essa contribuição, tão importante na história do pensamento moderno (como o fazem alguns, que a veem como uma manifestação frustrada da "sociologia burguesa reformista"). Na verdade, ela apanha a problemática do mundo em que vivemos e tenta situar, dentro dela, as relações entre pensamento, ação social e planejamento segundo uma variedade do ponto de vista dialético. O que falta, nessa obra, *é um passo decidido na própria imersão do sociólogo nas escolhas radicais, que não podem mais ser evitadas*. Na situação mais dramática da crise de uma civilização, não se pode conciliar o que *era bom antes* com o que *seria ótimo depois*. O conflito não está mais nem no embate entre o *laissez faire* e o *planejamento*, nem no entrechoque entre "planejamento democrático" e "planejamento centralizado". Para preservar-se, o capitalismo tornou-se antiliberal e antidemocrático, impondo com consentimento ou sem ele formas de planejamento nitidamente "arregimentadoras" e altamente centralizadas ou autocráticas (mesmo que essa realidade se dissimule por trás de tecnoestruturas aparentemente "abertas" e "democráticas"). De outro lado, para consolidar-se, o socialismo tem de projetar o planejamento centralizado em estruturas intrínseca e extrinsecamente democráticas (embora as aparências sejam de uma "arregimentação" exorbitante e inexorável). Há os que pensam que já seria tempo para que tais aparências tivessem desaparecido, na Rússia ou algures. Contudo, a descrição depende muito das definições iniciais ou finais dos conceitos. O que existe de democrático, na Rússia ou nos Estados Unidos, nunca se elevará à análise se se teimar em conceitos por contraposição. Dessa persperctiva, o regime franquista pode aparecer como não sendo totalitário, e mesmo como uma "ditadura funcional", porque se proporia a combater o advento do comunismo e do totalitarismo!⁴ Toda distorção torna-se possível e legítima, enquanto os cientistas sociais se envolvem, de fato, numa versão ingênua do maniqueísmo. Se não nos iludirmos por diferenças formais, ou se não optarmos antes pela comodidade que pela ciência, a escolha que se impõe, concretamente, é a que separa o capitalismo do socialismo.

Essa escolha é inevitável e está presente mesmo naqueles que pretendem se esconder por trás da "neutralidade" (e acabam fazendo a escolha por omissão). O sociólogo não pode fugir à obrigação de explicitar os marcos de referência que o situem diante de tal opção, especialmente se lidar com modelos macro de explicação histórico-sociológica e se tiver a intenção de produzir um conhecimento datável, util à sociedade em que vive e à época de que participa. Ora, se essa escolha não é fácil em nenhuma parte, é particularmente difícil na América Latina. Ignorando-se o que aconteceu ou está acontecendo com países que ainda estão às voltas com a viabilidade do Estado-Nação, as sociedades latino-americanas defrontam-se com duas revoluções simultâneas. Uma, é a revolução nacional, que se atrasou no tempo histórico e social, e que se poderia ter encerrado no âmbito da hegemonia burguesa e da expansão interna do capitalismo. Essa revolução foi frustrada, até hoje, pelo duplo jogo de interesses recíprocos, ligados à dominação externa e à superconcentração interna da riqueza, do prestígio social e do poder. Quando se consideram países como o México, a Argentina ou o Brasil, pode-se avaliar o que ela representa em termos de potencialidades de ruptura dos controles externos e de democratização interna. Pode-se alimentar ou rejeitar a hipótese de que a oportunidade de uma revolução nacional por via burguesa já não existe historicamente. Todavia, ninguém pode negar ou ignorar que, frustrada ou não, essa revolução ainda está em processo. A integração da nação, como uma realidade econômica, sociocultural e política, continua a produzir pressões igualitárias, sentimentos nacionalistas e tendências reformistas mais ou menos radicais. O fato de que essas pressões sejam quase sempre anuladas, distorcidas ou solapadas não significa que elas não existiam e muito menos que não se tornem mais fortes cada dia que passa. A outra revolução é a socialista. Se se concretizou apenas em Cuba, isso não quer dizer que não seja expressiva de uma tendência geral. Como já afirmou Durkheim, em períodos de mudança estrutural o *novo* não é geral mas é normal (em contraposição, o *velho* predomina, mas está condenado a desaparecer). Negando-se a tolerar o

---

4 Veja-se C. J. Friedrich e Z. K. Brzezinski, *Totalitarian dictatorship and autocracy*, 2ª ed., Cambridge, Mass., Harvard University Press, 1965, p. 8-9.

mínimo de democratização inerente a uma revolução nacional, as burguesias da América Latina passam do autoritarismo presidencialista para o fascismo, deixando somente a alternativa que se abre pela revolução socialista.

Nesse quadro histórico, o sociólogo latino-americano não pode colocar-se os problemas da mudança social como "questões neutras". Eles nunca o seriam! Em primeiro lugar, há a mudança que é necessária para a existência, a continuidade e o fortalecimento da modernização dependente. Essa mudança, quantitativa e qualitativamente, não é algo que se deva subestimar. Ela envolve o crescimento da economia de mercado e do sistema de trabalho; o aumento do número de casas, de escolas ou de hospitais; a diferenciação dos serviços públicos; a crescente eficácia do Estado e da tecnologia "avançada" etc. No entanto, esse tipo de mudança social, no contexto latino-americano, prende-se à consolidação do *status quo*. Só podem ser favoráveis a ele – malgrado seus aspectos aparentemente úteis – os que se identificam com a perpetuação da dependência, do subdesenvolvimento e dos privilégios que ambos consubstanciam. A questão não está, como muitos pensam, em distinguir entre uma "burguesia nacional", agente do nacionalismo econômico, e uma "burguesia internacional", agente direto do imperialismo, encarando-se a primeira como um mal menor e necessário. As qualificações propostas são inconsistentes; e o problema não é que existam duas "burguesias", mas uma hegemonia burguesa duplamente composta, graças à qual interesses burgueses internos e externos se fundem, funcionando estrutural e dinamicamente de forma interdependente e articulada. Essa associação cria a inviabilidade da América Latina sob o capitalismo, porque é ela que origina, preserva e legitima um padrão de mudança social que continuamente reorganiza a dependência, a espoliação, a miséria e as iniquidades sociais, que tornam a revolução nacional uma improbabilidade histórica. Em segundo lugar, há a mudança social que se prende aos dinamismos específicos da expansão interna do capitalismo, um processo histórico importante, pelo menos em alguns países. O aparecimento de um mercado e principalmente de um sistema de produção capitalista de escala nacional conduz a certas transições inevitáveis (do capitalismo comercial ao capitalismo industrial e deste ao capitalismo financeiro). Essas transições reproduzem, com maior ou menor intensidade, o que se poderia descrever como o equivalente latino-americano da *revolução burguesa* na Europa. Pelo que se sabe a seu respeito, os aspectos da mudança social que aí se originam não são de entusiasmar. Parte do processo mais geral da modernização dependente, eles revelam as mesmas inconsistências e as mesmas tendências de privilegiar interesses particularistas associados economicamente e articulados politicamente. Os dividendos coletivos da revolução burguesa produzem efeitos cumulativos diretos e indiretos muito baixos, mesmo em países como a Argentina ou o México, os dois países que marcam, caracteristicamente, os caminhos predominantemente pacíficos ou violentos daquela revolução. Porque a produção de riqueza e a acumulação de capital seguiram ritmos fracos, ou porque a socialização dos proventos pelo capitalismo foi muito pobre em comparação com a socialização dos custos sociais envolvidos, na América Latina a revolução burguesa não engendrou, economicamente, nem a transição para formas crescentemente autônomas de capitalismo, nem maior ou melhor distribuição de riqueza, nem um mercado de trabalho dinâmico e expansivo (em comparação com as estruturas e os ritmos demográficos). Em contrapartida, não eliminou os motivos de especulação pré-capitalistas e essencialmente antiburgueses (que estão na base da função predatória dos "interesses privados", *nacionais* ou *estrangeiros*), sobreonerou a coletividade (lançando sobre seus ombros custos sociais diretos ou indiretos do crescimento econômico, de baixa produtividade, da criação de infraestruturas para economias urbano-comerciais ou urbano-industriais, da integração nacional do mercado etc.). Esse rol negativo sugere que há algo errado, que não deriva somente da dominação estrangeira e das orientações capitalistas impostas pela hegemonia burguesa na América Latina. Os efeitos construtivos indiretos da revolução burguesa na Inglaterra ou na França foram produto do "altruísmo", do "esclarecimento" ou dos "méritos" da burguesia? Parece que, ao contrário, eles foram provocados pela pressão de outros grupos e classes sociais, que se fizeram ouvir e impuseram suas soluções. Portanto, a modernização dependente e os dinamismos inerentes à expansão do capitalismo chegam a um impasse, que tem em suas raízes a ausência política do conflito e de controles sociais eficazes, no nível em que ambos são essenciais para a normalidade e o fortalecimento da Nação. Em outros países, modernização, dinamismos capitalistas e revolução nacional se entrecruzaram, alimentando por diferentes vias sucessivas revoluções dentro da ordem. Na América Latina isso não ocorreu e se se quiser valorizar a revolução nacional, será preciso partir dos pontos de contradição e de negação dos outros dois processos histórico-sociais, expurgando-os de seus componentes antinacionais. Nesse sentido, o nacionalismo se converteria numa força útil e revolucionária, mas teria contra ele os *interesses estabelecidos* da "ordem burguesa". Em terceiro lugar, há a mudança social que gera o futuro no presente, repondo a América Latina no circuito histórico de nossa época. Essa mudança se faz contra a ordem existente; mas, de outro lado, ela constrói uma nova ordem social. Quanto ao primeiro aspecto, parece claro que o socialismo libera e radicaliza a revolução nacional. Quanto ao segundo, ainda é preciso esperar algum tempo para ver as realidades que estão sendo criadas em Cuba. Como afirma um dos melhores estudiosos da revolução cubana, "o marxismo-leninismo tornou-se, em Cuba, um processo, não um dogma".⁵ Uma ordem social *in status nascendi* é um desafio para os sociólogos na teoria e na prática. Todavia, seria injusto e ao mesmo tempo arriscado avaliar-se essa revolução pelo que ela "ainda não fez" ou pelo que ela "deveria fazer". Mesmo os "críticos da esquerda", como Dumont, esquecem que os principais obstáculos do socialismo em Cuba não são de natureza técnica, mas política, e lançam suas raízes no passado colonial e neocolonial do país. É certo que se poderia afirmar a mesma coisa da *revolução burguesa*. Esta, porém, não procurou seus verdadeiros caminhos como veículo de descolonização e de revolução dentro da ordem. Enquanto a revolução socialista está-se propondo com clareza os seus objetivos, nos dois níveis apontados anteriormente. É a primeira vez que isso ocorre na história dos países da América Latina e não há razão para temer-se o seu malogro (se ele não for organizado e imposto a partir de fora).

Esse sucinto painel situa as questões da mudança social sem ambiguidade. O que, aqui e ali, o sociólogo pode e deve considerar como uma área de investigação central. Especialmente, o que possui significado histórico e possui valor, seja para a construção teórica, seja para a transformação das sociedades latino-americanas. Elementos ideológicos e utópicos se transferem da situação de existência e de formas sociais de consciência para a atividade interpretativa, permitindo identificar a Sociologia com os processos revolucionários (omissos, frustrados ou atuantes) de mudança social. Há pouco interesse em voltar-se, agora, à discussão do sentido negativo ou positivo de tais identificações. O mesmo não se pode dizer das implicações explicativas da orientação sugerida. Primeiro, uma das recomendações envolve uma atitude explicitamente *política* diante da realidade. Os sociólogos se acostumaram de tal modo a considerar "naturais" os modelos de crescimento controlados por influências externas, que pode parecer absurdo e anticientífico negar ao mesmo tempo a omissão e a realidade dela resultante (das quais os sociólogos participam de várias maneiras como os demais membros da sociedade). Todavia, se se mantiver a orientação empiricista ou analítica pseudamente "neutra" que se vem seguindo, poder-se-á classificar a maioria dos nossos sociólogos, com justiça, entre os *ingênuos úteis* do subdesenvolvimento e da modernização dependente. Segundo, outra recomendação sugere que as contradições do capitalismo dependente e da integração nacional que ele possibilita e limita, se têm impedido a plena revolução nacional, doutro lado contêm potencialidades revolucionárias que podem ser liberadas e aproveitadas historicamente. O limite entre o ser e o não ser, em se

---

5   J. O'Connor, *The origins of socialism in Cuba*, Ithaca, Cornell University Press, 1970.

tratando de uma burguesia trabalhada e socializada para comportar-se como o parceiro "esclarecido" e "tolerante" de outras burguesias mais poderosas, é difícil de estabelecer-se. "Liberais" e "esquerdistas" irão certamente condenar a presunção de que o não ser histórico dessa burguesia frustrada também constitui um componente explosivo (além da dependência, da miséria e das extremas iniquidades sociais). Não se pode contentar a todos. Uma coisa me parece certa. Pior que a ideia de "espírito objetivo" na ciência é a distorção da objetividade. O nacionalismo como força social deve ser entendido em todas as suas ramificações e é do interesse da América Latina que todas as suas potencialidades revolucionárias sejam equacionadas e conduzidas ao terreno da ação política. Como socialista, vejo a "revolução dentro da ordem" como uma alternativa muito acanhada. Mas não seria um "esquerdismo infantil" ignorar onde, quando e como as frustrações de uma burguesia emasculada podem-se encadear, ainda em nossos dias, com um nacionalismo revolucionário construtivo? E deve-se esquecer, por sua vez, que processos de mudança social acelerada, ganhando velocidade própria, dificilmente podem ser interrompidos? Está claro que se a burguesia der o primeiro passo numa direção radical (que não pode ser a das contrarrevoluções que se proclamam "revoluções institucionais") acumulará vantagens relativas. O dilema não está em negar ou impedir esse primeiro passo por causa de tais consequências, mas em preparar a contestação e a afirmação revolucionária de outros grupos e classes sociais que possam neutralizar tais vantagens relativas e mesmo conduzir a revolução nacional por outros rumos. Terceiro, a última sugestão, que coloca o socialismo no cerne mesmo da *história em processo*, é inaceitável pela maioria dos sociólogos (e dos intelectuais). Acostumados a pensar "neutramente" ou plenamente identificados com as ilusões forjadas sob o capitalismo dependente, esses sociólogos ainda confiam no progresso como uma fatalidade mecânica. Porém, a história possui vários níveis e direções: comunidades dentro de nações; nações consideradas isoladamente; e nações postas em confronto com as civilizações. A América Latina não é uma "reserva explosiva" do mundo moderno apenas porque subdesenvolvimento, modernização dependente e miséria exigem soluções ousadas. A outra face da moeda aparece quando se considera que as soluções ousadas já existem, tornaram-se conhecidas e estão-se impondo em escala de comportamento coletivo organizado em todos os países latino-americanos. O que se poderia descrever como aspecto material dessa evolução é apenas um detonador: o outro componente é que dinamizará aspirações e ações coletivas de revolução social. Sendo assim, o sociólogo, mesmo que não seja socialista, não pode ignorar o socialismo e voltar-lhe as costas, sob o argumento de que as massas são ignorantes e passivas demais para avançar na direção das soluções extremas. Em regra, são as massas "ignorantes" e "passivas" que fazem as revoluções mais violentas e sangrentas. Elas deixam de fazer tudo por muito tempo, até que acordam e simplificam a história, resolvendo na prática a crise dos valores em conflito de uma civilização. Aceitar essas implicações não seria converter o sociólogo num intelectual militante? Todavia, quem não é militante, quando a civilização está em crise e as nações se defrontam, por isso, com a revolução social?

Aqui se chega à última questão a ser discutida. A revolução – dentro da ordem ou contra ela – não é uma criação dos sociólogos. Mas um fato da sociedade. Não se fazem revoluções ao arbítrio dos cientistas e muito menos dos sociólogos. As "potencialidades explosivas" da América Latina não nos devem fazer esquecer quão fracas e inconsistentes ainda são as impulsões revolucionárias (nacionalistas ou socialistas) na maioria dos países. Mais fortes e encarniçadas que elas, até o presente, são as forças contrarrevolucionárias, internas e externas, unificadas pelo subdesenvolvimento e pelo capitalismo dependente. Essa é uma barreira histórica. Diante dela cabe perguntar: é possível usar-se a ciência e a tecnologia científica como fatores de modernização autônoma em meios sociais tão conservadores e mais ou menos apáticos, nos quais o pensamento científico continua mal compreendido, a tecnologia científica mal consegue ser consumida com grande atraso, e até a "revolução dentro da ordem" está comprometida? A ideia de que a ciência e a tecnologia científica sejam, em si mesmas, um fator de mudança social revolucionária não passou de uma utopia iluminista. Se não existem impulsões revolucionárias na sociedade, desencadeadas por uma "revolução dentro da ordem" ou por uma "revolução contra a ordem", a ciência e a tecnologia científica são usadas para fins conservadores, reacionários e contrarrevolucionários. Durante a evolução da humanidade, os homens distorceram e corromperam diferentes formas de saber (do conhecimento de senso comum ao saber mágico, religioso, artístico, filosófico, técnico e científico). Como a ciência e a tecnologia científica apareceram em uma civilização de alta complexidade e eficácia, e como produziram dentro dela desenvolvimentos e invenções sem paralelo, a distorção e a corrupção do saber científico e científico-tecnológico também atingiram proporções sem paralelo.

Isso nos faz voltar ao âmago da problemática latino-americana. A modernização autônoma requer uma transformação preliminar de natureza política. Diferentes grupos e classes sociais precisam fazer um esforço intenso para romper com estados mentais, modos de ver e de agir, valores consagrados e organizações institucionalizadas que mantêm um colonialismo invisível dentro de uma situação de dependência de alta visibilidade. A ciência e a tecnologia científica podem ajudar a criar, a intensificar e a dar viabilidade prática a tal processo. É necessário, porém, que os diferentes grupos e classes sociais desejem, historicamente, tal ruptura e se disponham socialmente a levá-la a cabo, até as últimas consequências. Por motivos egoísticos, por motivos altruísticos ou por uma combinação deles, grupos e classes sociais mais ou menos divergentes podem unir-se para combater a miséria, o subdesenvolvimento e a dependência, embora se mantenham divididos quanto às opções que conduzam a um *novo capitalismo* não dependente e ao socialismo. O essencial é que a revolução pela ciência e pela tecnologia científica só pode começar depois e através de uma revolução política, que modifique as presentes relações da ciência e da tecnologia com a economia, a sociedade e a cultura. Sentimentos coletivos de igualdade, equidade política e liberdade, impulsões nacionalistas profundas, ideais democráticos de vida, aspirações reformistas ou socialistas etc. não são nem poderiam ser produzidos pela ciência e pela tecnologia científica. Todavia, onde eles não existam, e não se combinem de acordo com certos padrões histórico-sociais bem conhecidos, também não existe um patamar político a partir do qual se possa impedir o uso de ambos, seja como instrumentos de dominação externa, seja como meios de perpetuação e reforçamento de iniquidades econômicas, sociais e políticas. Os cientistas podem trabalhar numa ou noutra direção, o que não podem é forjar a economia, a sociedade e a cultura *ideais* (com vistas a um novo capitalismo ou ao socialismo). Diante dessa realidade complexa, os riscos da circularidade perfeita são evidentes. Enquanto a economia, a sociedade e a cultura não se transformam, a ciência e a tecnologia científica continuarão a alimentar a intensificação da dependência, do subdesenvolvimento e da miséria. É claro que entre a autonomia relativa, capaz de defender-se a si própria, e a heteronomia extrema surgem várias gradações. A absorção de certos centros de decisão estratégicos, a nacionalização parcial dos padrões intelectuais de produção científica e tecnológica, a continentalização de programas viáveis de desenvolvimento da ciência e da tecnologia científica são pontos de partida que independem de uma revolução política prévia (e que podem contribuir para facilitá-la). O mal é que se caminha muito pouco nessa direção construtiva. Enquanto a internacionalização da economia capitalista, na era dos grandes monopólios, da cultura e da "democracia de massas", avança rapidamente e bloqueia tanto a nacionalização dos recursos científicos e tecnológicos quanto a cooperação supranacional de povos que possuem interesses similares no uso conjugado de tais recursos.

O sociólogo não pode ter ilusões sobre a natureza desses problemas. Não é que os processos apontados sejam impraticáveis. É que os *centros de decisão*, montados em nossos países ou no exterior, opõem-se tenazmente a tais processos. A servidão privilegia e libera a muito poucos, mas escraviza a todos. Os diferentes países da América Latina estão presos a essa servidão, que precisa ser rompida primeiro, para que a modernização autônoma alcance escalas efetivamente nacionais e continentais. Ao mesmo tempo, porém, o que Mannheim descrevia como "as exigências da situação" se tornam crescentemente mais complexas, explosivas e incontroláveis. Os antigos mecanismos de dominação externa e de concentração interna do poder não conseguem perpetuar-se. Ou perdem a eficácia ou dão lugar a novos mecanismos, muito mais chocantes, menos dissimuláveis e por isso mesmo mais fáceis de combater. A questão está em não perder as oportunidades, em impedir que os novos regimes totalitários, que reorganizam o ponto de equilíbrio entre o despotismo conservador interno e a voracidade externa, logrem os seus objetivos. De fato, a América Latina vive uma época de "reviravolta da história". Se essa reviravolta vai terminar melancolicamente, reconstruindo o neocolonialismo dentro de novos níveis de subdesenvolvimento e de dependência, ou se ela vai liberar as forças sociais que pretendem algum tipo de revolução (dentro da ordem ou contra ela), é algo que será decidido historicamente. As aparências e as esperanças são de que as influências anacrônicas estão condenadas a desaparecer, apesar da tenacidade das tentativas externas de recolonialismo e da rigidez política dos detentores do poder.

Se se pensa o problema da revolução social na América Latina a partir desse nível histórico-social profundo e obscuro, os papéis intelectuais dos sociólogos latino-americanos que não temam a opção política se delineiam com clareza. Hoje, não se trata mais de explicar os "mitos liberais", de pôr em evidência o que eles representam como fonte de corrupção da consciência burguesa e da neutralização da "revolução dentro da ordem". Nem se trata de cobrar à ordem existente as garantias sociais, jurídicas e políticas legalmente institucionalizadas. Os conflitos que já não podem ser impedidos (embora possam ser camuflados ou comprimidos) e as forças de mudança social fazem exigências mais radicais e extremadas. Manter tais debates, seria o mesmo que aceitar o diálogo no plano contrarrevolucionário, em que se colocaram os adeptos internos e externos da *"institucionalização" da revolução*. Há uma ética inerente à responsabilidade científica e ela impõe um mínimo político, que compele o sociólogo à confrontação. Segundo penso, essa confrontação não pode nem deve ser unilateral, cega e dogmática. Se o sociólogo pretende ser útil aos diferentes grupos e classes sociais empenhados na "revolução dentro da ordem" ou na "revolução contra a ordem", precisa estar alerta às diversas alternativas de mudança social, que podem ser desencadeadas e intensificadas por tais grupos e classes sociais. Pessoalmente, sou cético a respeito da "revolução dentro da ordem". Não tenho razões subjetivas ou políticas para acreditar que elas venham a produzir no presente o que evitaram fazer no passado. Isso não me dá – e também não dá a outros sociólogos – o direito de omitir a sua existência e as suas potencialidades. Especialmente quando se pensa nos rumos e nas consequências da modernização autônoma, por vias mais ou menos graduais, e nas reações externas a tais transformações, não há dúvida de que essa alternativa merece maior consideração do que a que tem recebido nos "círculos da esquerda revolucionária" (com exceção dos partidos comunistas).

É ponto pacífico que o sociólogo não é um demiurgo da realidade histórico-social. Os sociólogos não criam a revolução social. Como as outras ciências, a Sociologia só se converte numa força ativa da revolução social quando certos grupos e classes sociais usam conhecimentos ou categorias de pensamento sociológicos em atividades sociais de caráter revolucionário. O desafio intelectual, que a revolução social representa para o sociólogo que não teme a opção política, surge a partir desse patamar histórico. De um lado, é preciso incluir a modernização autônoma, as funções potencialmente revolucionárias da ciência e da tecnologia científica e as atividades especificamente revolucionárias dos grupos humanos no centro das investigações sociológicas. Do outro lado, é necessário ir além, procurar-se como difundir os conhecimentos sociológicos obtidos e como torná-los operativos do ponto de vista político. Até hoje, o sociólogo latino-americano tem-se preocupado com o desenvolvimento econômico, sociocultural e político como um "produto final" da evolução histórica, por vezes ignorando que o "desenvolvimento" descrito apenas garanta a continuidade da ordem existente. Nos momentos críticos que estamos vivendo, de aguçamento dos conflitos sociais e de ameaça à própria Sociologia, os sociólogos têm de superar essa orientação. Primeiro, porque não podem ceder às pressões que destruiriam neles a condição de cientista. Segundo, porque não podem negar-se a produzir o conhecimento que se faz historicamente necessário. Terceiro, porque em sociedades em transformação no seio de uma civilização em crise, transformação e crise são elementos polares da criação teórica. A Sociologia se torna, por força da situação exterior, uma sociologia da revolução social, queiram ou não os detentores do poder e a repressão organizada da pesquisa sociológica.

Resta um problema. A opção política do sociólogo não cria a realidade política correspondente. Para evitar a fabulação e um revolucionarismo intelectualista de caráter hipercompensatório, é preciso manter as explicações (e a representação das funções políticas dos conhecimentos obtidos) no nível da percepção, das atividades práticas e das aspirações dos grupos e classes sociais empenhados na "revolução dentro da ordem" e na "revolução contra a ordem existente". Isso significa que o sociólogo politicamente responsável acompanha em suas teorias as orientações de comportamento dos grupos e classes sociais que atuam revolucionariamente. O que suscita a crítica de que as teorias poderão ser afetadas pelas deficiências das forças sociais revolucionárias e que, por conseguinte, terão pouco poder de previsão e de alargamento do comportamento social revolucionário. No entanto, as teorias sempre transcendem a realidade. Ao converter percepções e aspirações em conhecimento sociológico, o elemento abstrato do pensamento crítico fica fiel aos conteúdos e ao sentido típicos da ação social revolucionária. Mas projeta-os no contexto mais amplo dos requisitos da situação histórico-social, em que a transformação revolucionária da sociedade se mede pela estrutura da ordem social existente e por suas incompatibilidades em relação à ordem social a ser criada pela própria revolução. Pode ser que, no fim das contas, a contribuição do sociólogo fique aquém de suas intenções. É que as revoluções possuem um longo período de gestação. Mas, ao atingirem o clímax, operam com extrema velocidade. Os sociólogos se confundem, por isso, duplamente. No período de gestação, "tomam a nuvem por Júpiter", isto é, descrevem como mudanças politicamente neutras ou meramente de transição transformações históricas que depois se revelam especificamente revolucionárias. Na fase de maior velocidade histórica, não têm tempo para acompanhar os ritmos da ação política revolucionária. Em consequência, o político militante acaba vendo mais longe e quando a Sociologia vem em seu auxílio, as decisões centrais já foram tomadas ou as transições mais difíceis já foram escolhidas. Como as revoluções não acontecem todos os dias, os sociólogos não possuem meios para corrigir suas deficiências nem para adaptar a investigação sociológica aos ritmos rápidos e imprevisíveis da revolução social em processo. Ele volta a ser útil – a norma seria: bem mais útil – na fase seguinte se os revolucionários tomam o poder e usam a ciência como meio de reconstrução social.

Mesmo que o saldo positivo seja pobre para a revolução social, a Sociologia ganha muito com o envolvimento político do sociólogo. As ciências da natureza não ficaram presas a modelos rígidos, determinados pelas concepções dominantes no meio social. A Sociologia, ao contrário, sofreu um impacto negativo: mesmo quando a mudança se colocou como um aspecto central da investigação e da teoria, a ideia predominante sempre tendeu a fazer da "ordem existente" uma baliza mais ou menos circunscrita. Por isso, não só os estímulos maiores foram para se estudar sociologicamente outros fenômenos, que não a revolução social e, em particular, a revolução social em processo. Procurou-se fazer da Sociologia uma ciência "natural" de processos sociais transcorridos e mortos. Hoje essas diretrizes estão sendo criticadas e revistas por alguns sociólogos. Para resumir as conclusões mais sugestivas, pensa-se que a Sociologia não é apenas uma "ciência histórica".

Como ciência mesma, ela é parte da história. Portanto, nada mais incongruente que tomá-la como uma *arqueologia do presente*. Em interação dialética com os processos sociais, em especial em tensão com as forças mais profundas e mais superficiais da história em renovação, ela se converte numa ciência dos processos histórico-sociais *in flux*. Daí o caráter prospectivo de suas explicações e um conhecimento peculiar sobre a probabilidade de que algo que não se repete poderá transcorrer de certa maneira. Essa probabilidade não é estabelecida somente com base numa previsão abstrata. Funda-se na continuidade de certas ações sociais, que tenderão a variar de um modo previsível até um ponto crítico em que a *história em processo* se converte na *história transcorrida*.

Essas reflexões não se aplicam apenas à situação do sociólogo latino-americano diante da revolução social. Incorporam-se a uma problemática mais geral, que só se torna mais importante em nosso meio porque a América Latina vive, em nossos dias, um estado revolucionário em condições tipicamente reacionárias e contrarrevolucionárias. Sob esse aspecto, o paralelo da Rússia czarista seria altamente elucidativo. No afã de proteger-se, grupos e classes sociais conservadores aceleram a desagregação da ordem e fomentam a rigidez política autodestrutiva. Em contrapartida, grupos e classes potencial ou realmente revolucionários aproveitam mal as oportunidades, por falta de visão, por excesso de temor ou por inexperiência. Nesse contexto social e intelectual, o que é específico na situação do sociólogo latino-americano politicamente polarizado vem a ser a orientação da vontade, que se faz necessária. Ele precisa não só vencer-se a si mesmo, para resguardar sua integridade intelectual tanto contra as forças incontroláveis de opressão quanto contra as tentações do dogmatismo partidário. A militância política do sociólogo como e enquanto cientista não exclui – nem deve excluir – a sua militância política como ativista de um movimento político-social ou de um partido. Contudo, se o sociólogo se submete à segunda forma de militância, esquecendo-se de que tem papéis intelectuais imprescindíveis e insubstituíveis na primeira, ele destrói sua própria condição de sociólogo e anula a Sociologia como força intelectual da situação histórica. Por isso, não é tão fácil estabelecer-se conexões dialéticas entre a Sociologia e a história viva dos homens. Para manter a Sociologia como uma influência ativa permanente, numa situação de mudança social revolucionária, o sociólogo latino-americano precisa vencer as pressões que tentam destruí-lo em nome da "defesa da ordem", ao mesmo tempo que precisa encontrar uma harmonização construtiva entre os dois tipos de militância com que depara. Não existe "uma" América Latina. Também não existe "uma" revolução social (dentro ou contra a ordem existente) generalizável para todos os países da América Latina. Porém, só existe um meio de projetar a Sociologia, como ciência, nas eclosões revolucionárias nesses países. Consiste em alimentar os processos de revolução social com conhecimentos sociológicos objetivos e críticos, capazes de aumentar (e não de destruir) a eficácia política dos grupos e classes sociais empenhados na transformação revolucionária das sociedades latino-americanas.

Impresso por :

gráfica e editora

Tel.:11 2769-9056